特別の教科

道徳

板書で見る

全時間
の授業のすべて

小学校 **高学年**

永田繁雄 編集代表
和井内良樹 編著

東洋館
出版社

まえがき

　令和の時代がその歩みを始め、道徳教育も名実ともに新たな時代に入りました。

　道徳教育は、他の教科等に先んじて学習指導要領が改訂され、従前は「道徳の時間」と呼ばれていたものが、「特別の教科」である道徳科へと新たに位置付けられました。そして現在、検定済み教科書を主たる教材として生かす道徳授業が各学校で展開されています。そのキーワードは、「考え、議論する道徳」、そして子供の「多面的・多角的な思考」による「主体的・対話的で深い学び」です。

　そこで本書は、そのための参考となり具体的な力となるように、毎時間の板書づくりに視点を当てて編集しました。なぜならば、板書は授業における工夫の中心的なステージであり、学習の全体を映し出し、子供の思考画面にもなるものだからです。中でも１時間ごとに１主題で進めることが広く行われている道徳授業では、板書づくりが他の教科以上に授業のイメージアップと見通しをもつのに重要な意味をもっています。

　しかも本書には、そのタイトルが示すように、学年ごとに年間にわたる道徳授業実施の標準時数である35時間分の展開案と板書例を織り込んでいます。そして、その各時間には、全国版の道徳教科書でなるべく広く用いられている教材や、道徳授業に関心をもつ先生方に定評のある教材を積極的に取り上げるように努めました。それは、先生方の利用の便を図るとともに、比較的馴染みのある魅力ある教材を基に、道徳授業に対する見方を豊かにし、毎時間の授業を子供と共に楽しみながら進めてほしいとの願いがあるからです。

　なお、本書の事例の多くは、執筆する各先生の道徳授業に対する考えを大事にして整理いただいています。その際、今まで広く行われてきた主人公への共感を軸にした指導過程にとどまらず、子供が問題意識をもち、それを学習テーマや学習問題（課題）として追求するような一体的な展開が可能となる事例がより多くなるように努めていただきました。

　こうして、多くの先生方の知恵と力とアイディアが結集し、心躍る展開例と板書例が数多く集まりました。ぜひ、各学校、各学級では、その多彩な問題追求の在り方を本書によって感じ取り、授業展開に迷ったときや指導方法や創意工夫の幅を広げたいと感じるときにも生かしてみてください。そして、これらの事例を参考とされ、子供を目の前にする先生方一人一人の授業への取組がより柔軟に広がっていくことを念じています。本書が、これからの時代の道徳授業の裾野を広げていく上で微力を果たすことができればこの上ないことです。

令和２年２月

編集代表　永田　繁雄

板書で見る全時間の授業のすべて
特別の教科 道徳 小学校高学年
もくじ

1 道徳科の授業づくりと板書の役割

2 第5・6学年における道徳の時間の指導

3 第5学年の道徳・全時間の板書

A 主として自分自身に関すること

B 主として人との関わりに関すること

C 主として集団や社会との関わりに関すること

D 主として生命や自然、崇高なものとの関わりに関すること

4　第6学年の道徳・全時間の板書

A 主として自分自身に関すること

5 特別支援学級高学年の道徳の板書

本書活用のポイント

　本書は、「特別の教科」である道徳科の時間の年間標準時数に当たる全35時間分の主題について、板書のイメージを中心に、教材の概要、学習の進め方などを合わせて見開きで構成しています。各事例に示す各項目のポイントは次のとおりです。

教材名と主題名

まず、各授業で生かす中心教材と、その下段に示した道徳の内容項目及び、学習テーマとしての主題名を確かめましょう。
教材が掲載されている教科書の出版社名も、教材名の右に五十音順で示しています。

教材の概要

本授業で生かす教材の概要をここでつかみます。どの教材についても数行で簡略に整理していますので、教材の要旨をつかむとともに、複数の中から生かしたい教材を選択する際の参考にしてみましょう。

教材を生かすポイント

ここでは、教材の内容のどのような点に着眼するとよいのか、また、それを授業の展開の中で生かすときに、どのような工夫が考えられるのかについて、箇条的に整理しています。
特別支援学級の事例の場合は、「特別支援教育の観点」として指導のポイントを示しています。

5年　うばわれた自由
教材名

出典：学研、学図、廣あ、光文、日文、光村、教出6年

A 1 善悪の判断、自律、自由と責任　**主題名** 自由って何だ？

1 ねらい

　自由と自分勝手の違いについて考え、自律的で責任のある行動をするための道徳的判断力を育てる。

2 教材の概要

　森の番人であるガリューは、狩りを禁止された森から銃声を耳にする。銃を撃ったのは、国の王子ジェラールであった。ジェラールはガリューの忠告を聞かず、逆にガリューを捕まえ、牢屋へ入れる。しかし、その後、王になったジェラールは、勝手を続け、過去の自分の行為を後悔することとなる。

3 教材を生かすポイント

○本当の自由とは何かを考えさせる上で、「本当の自由」とそうではない「わがままや自分勝手」の線引きは容易ではない。だからこそ、自由についてのそれぞれの考えを「自由って何だ？」と問う。それらを児童同士で比べながら話し合わせると、どうしても容易には線引きができないことが出てくる。例えば、公園で野球をすることが他の人にとって迷惑となるのなら、「自由」ではなく「自分勝手」となる。そういったことについて、話合いを通じて明確にさせながら、ねらいを達成したいところである。

4 本授業の展開

学習活動と主な発問等	● 指導の手立て　◆ 板書の工夫
1 自由だと思うことや自由な行為についての考えを発表する。 Q1 みなさんの考える自由の中で、よくない自由がありますか。**1**	● 児童が考える「自由」について、マインドマップなどを基に考えさせる。 ● 「自由」について仲間分けを行い、様々な自由があることに気付かせる。
自由って何だ？	
2 教材「うばわれた自由」を読んで、「自由とは何か」について話し合う。 Q2 ジェラールの考える自由は、線引きができるでしょうか。**2-1** Q3 「自由」か「自由ではない」かを判断するには、どんな考えが大切でしょうか。**2-2**	◆ ジェラールが牢獄に入れられるまでの絵を黒板に貼る。 ● 導入で実施した活動を基に、ジェラールの行為について、自由とそうでないものについて線引きを行わせる。 ● ジェラールの行為についての自由とそうでないものについては、学級の多くの児童が自分なりの判断がつくと考え、その理由について議論させたい。 ● 様々な状況の中で、適切な判断が求められる。その根本には、善悪の判断がある。児童には、様々な状況での「自由」について考えさせたい。
3 学習を通して自由について考えたことを基にまとめる。 Q4 自由って何だ？**3**	
4 自由について考えたことを振り返る。	● 自由について考えたこととねらいとを関係付けたまとめをする。

本授業の展開

教材のポイントを押さえた上で、1時間の授業をどのように展開していくのかの大枠をここで押さえます。各展開例は、学習活動のステップと主な発問で構成し、それぞれの留意点や手立てをその右側の欄に対応させて示しています。予想される児童の発言例は、右ページにある板書例を参考にしてください。
なお、展開例の多くは、児童の話合いが活性化し思考が深まるように、中心的なテーマを白抜き文字の枠に示し、一体的な追求が可能になるようにしています。また、展開段階の後半（いわゆる展開後段）についても、児童の振り返りとは異なる活動としている場合もあります。実際の授業に際しては、この展開例を参考としつつ、指導に当たる各先生の考えや学級の実態を生かした工夫を図ることが大切です。

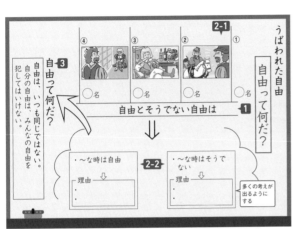

うばわれた自由

自由って何だ？ ①

自由とそうでない自由は ①

↓

・〜な時は自由　2-2　・〜な時はそうでない

理由　　　理由

（多くの考えが出るようにする）

自由って何だ？ 3

自由は、いつも同じではない。自分の自由は、みんなの自由を犯してはいけない。

3

Q3 では、「自由」か「自由ではない」かの判断について、Q1 での問いを大切にしながら活動の続きを行う。その際、その判断をどのようにしていくのかじっくりと考えさせる。

2

Q2 では、ジェラールの行為について判断をさせる。多くの児童が、自由でなく自分勝手と捉えるかもしれない。しかし、そのことがQ3 につながることを意識して進めたい。

1

Q1 は、導入段階であるが、学習の軸となる活動となる。それを意識しながら、自由の線引きはどこにあるのだろうかという問いをもって学習を進められるようにする。

いきたい。

準備するもの

○ ワークシート
　　🖸 5-01-1

○ 牢獄に落ちるまでのジェラールの絵
　　🖸 5-01-2〜4

板書を生かして盛り上げる工夫

○ 自分の考える自由は、5年生の児童にとって社会通念への理解からよい判断ができる面も多い。その児童にしてみれば、ジェラールの行為についての判断は、ある意味容易かもしれない。しかし、判断がつきにくい部分について、じっくりと考えさせて

評価のポイント

○ 自分の考える自由について曖昧な部分があることを理解し、学習を通じて、その部分について自分なりの考えを深めているか。

○ 比較したり関係付けたりしながら、自由についての捉えを多様化しているか。

○ 児童の発言や振り返り等の記述から学習状況を見取る。

児童の視覚に訴え、話合いを深めるための板書の例が、ここで示されています。広く行われる縦書きだけでなく、横書きの板書も用い、話合いの中心部分とそこでの意見の違いなどがよく見えるように工夫されています。

板書作成のポイント

上の段の板書を構成していく際の押さえどころについて、ページの中段に三つの枠を置いて解説しています。実際の授業で板書例を生かすときの手順や、演出の具体的な方法などを、ここで押さえておきましょう。

準備するもの・作り方

ここでは、上に示す板書をつくる際に準備するとよいと思われる絵やカード等について、箇条書きで示しています。なお、「🖸」マークの付いているものについては、本書付録の DVD にデータが収録されています。

板書を生かして盛り上げる工夫　他

右ページ下のコーナーには、授業を盛り上げ、深める工夫として、以下の四つのうちのいずれかについて、指導例の特質に応じて示しています。工夫を一層広げる際に参考にしてみましょう。

・板書を生かして盛り上げる工夫　　・ICT の活用

・障害のある児童への手立て

・ゲストティーチャーを生かす指導

・板書を生かした理解のための支援

評価のポイント

このコーナーでは、評価のポイントを、原則として以下の三つに分けて箇条書きで示しています。

・評価の視点１……多面的・多角的に考えることができたか。

・評価の視点２……自分のこととして考えることができたか。

・評価の方法……発言や話合いの様子、ワークシートへの記述等、児童の学習状況を見取る方法。

本書の活用に当たって

本書の各事例を、各学校で生かしていただくために、各ページの活用に際しては、特に次のことにご留意ください。

取り上げている教材について

本書では、各事例を先生方に幅広く参考としていただけるように、道徳教科書を発行する8社の各教科書に掲載されている教材の中で、多くの教科書に掲載されている教材や定評のある教材をできるだけ選ぶように努めました。

なお、同一の教材でも、教科書によって、教材名、教材文中の登場人物の名前、文章表現、使用する学年等が変わっていることがあります。

教材の出典について

活用の参考となるように、各事例で用いる教材の出典を教材名の下に五十音順で記載しました。道徳教科書については令和2年度版の検定済教科書によっていますが、版によって収録される教材が入れ替わる場合もありますのでご留意ください。

なお、「出典」の略記は、それぞれ下記出版社の教科書を表しています。

学研：学研教育みらい　　学図：学校図書　　教出：教育出版

廣あ：廣済堂あかつき　　光文：光文書院　　東書：東京書籍

日文：日本文教出版　　光村：光村図書

著作権上の規定について

各学校においては、各地域で採択された教科書を使用していることと思います。授業において、児童用に配布されていない教科書に掲載されている教材を活用する際には、著作権上の保護規定にくれぐれもご留意ください。

各事例で用いる用語について

道徳の授業展開や板書に関わる各用語については、編著者のほうである程度統一を図りましたが、各執筆者が日常の実践の中で用いる用語も大切にして書いていただいています。したがって、例えば、黒板に貼る文字を書いた「文字短冊」についても、「文字カード」「板書カード」「フラッシュカード」等、事例によって表現が異なる場合もあります。ご承知の上、ご活用ください。

なお、学年ごとの事例の後ろには、特別支援学級の当該学年段階で、特に、知的障害や発達障害のある児童を対象として指導に生かすことを想定した参考事例を4点掲載しています。各学級の児童の実態を的確に踏まえ、柔軟に活用してくださるようお願いします。

1

道徳科の
授業づくりと板書の役割

1 「特別の教科　道徳」＝道徳科の新たな姿を共有しよう

　新しい教育課程が全面的に展開された今、道徳の時間から「特別の教科」である道徳科へと大幅な改善が図られた道徳授業は、どのような姿や形で進められていくのだろうか。私たちは、まず次のことを共通理解し、共有しておきたい。

⑴子供の心の危機に対する「先手の教育」として

　道徳教育の要としての「特別の教科　道徳」（以下、「道徳科」）は、令和になる前の平成30年度より、既にその新しい趣旨を踏まえ、小学校段階で新たな姿で実施されている。学習指導要領の全面改訂に先立つ平成27年3月、その一部改正に基づき、昭和33年に特設された道徳の時間が、道徳科へと衣替えが図られたからだ。まさに、ちょうど60年ぶりに「還暦」を迎えて再生したとも言うべき新しい姿での再出発を図ることになった。

　なぜ、道徳の時間が道徳科へと位置付け直されたのか。それは、子供たちのいじめや暴力行為などの心の危機的状況に対して道徳授業がその役割をどのように果たしているのかが見えにくかったことに最大の要因がある。道徳授業はその忌避傾向と軽視化傾向が長く続き、それとともにマニュアル化、テンプレート化され、形式化・形骸化された授業が広がり、その効果を発揮してこなかったのではないかと長く言われ続けてきた。新たな趣旨で位置付けられた道徳科の授業はそのような課題を生まない心を育む「先手の教育」であることを改めて意識して臨むようにしたいものだ。

⑵「特別の教科」である道徳科になって変わったこと

　道徳科は、学習指導要領において、「第2章　各教科」とは別枠の「第3章　特別の教科　道徳」として章立てされた。このように、学習指導要領での位置付けは従前と同様の位置ではあるが、通常の各教科の枠組みとは異なり、「特別の教科」とされた。それは、中学校段階でも道徳科専門の免許は設定せず、学級担任が指導することや、特に各教科に見られる数値評価には馴染まないことなどから、それらとは一線を画したのだといえる。

　では、そのことによって何が大きく変わったのか。その変更点を項目的に整理するならば、主として以下の点が挙げられる。

①道徳科の目標の変更の中にその指導の在り方や方向が強調された

　まず、道徳科の目標が大きく変更され、その中に道徳科が求める資質・能力である道徳性の育成のために求められる指導の方向が、次のような目標表現の中に込められた。

> **【道徳科の目標がえがく授業の在り方や方向性】**
> 　よりよく生きるための基盤となる道徳性を養うため、
> ①道徳的諸価値の理解を基に、②自己を見つめ、③物事を多面的・多角的に考え、
> ④自己の生き方についての考えを深める学習を通して、
> 　道徳的な判断力、心情、実践意欲と態度を育てる。　　　　（改行及び数字は筆者）

　ここで分かるように、道徳科は、教科と同様に道徳的諸価値という内容の「理解」を基に学習するものの、重要なのは自己に対峙して「自己の生き方」について考えを深めることであり、そのために、「物事を多面的・多角的に考え」る学習が大事にされる。

②充実された内容項目でいじめなどの心の課題に対応する

また、指導する内容も子供が生き方を考えるための課題の視点から充実が図られた。小学校低学年が19、中学年20、高学年22、そして中学校22項目が全体として一貫性が図られ、キーワードを併せて示したことで、分かりやすくなった。その中では、例えば、「善悪の判断」の内容を項目全体の最初に置いたり、小学校低学年から「公正、公平」の指導をするように求めたりするなど、子供たちのいじめなどの課題に対応できるような充実が図られた。

③配布される検定済教科書を中心に多様な教材を生かし合う

そして、道徳科になったことにより、検定済教科書を中心的な教材として授業を進めていくことになった。では、道徳教科書を順次そのまま用いて授業を実施すべきなのかというと、そうではない。道徳科の教科書は8社あるが、そのすべてが全国版であり、郷土色や、地域の状況、学校の課題などが必ずしも反映されているわけではない。学習指導要領にも、教材の在り方について、「児童の発達の段階や特性、地域の実情等を考慮し、多様な教材の活用に努めること」と示されている。道徳教科書を主たる教材としながらも、著作権に配慮をしながら多様な教材に視野を開き、効果的な教材を選んで計画を組み、授業を実施していくことは、今まで同様大切にされなくてはならない。

④評価で子供の学習状況や成長の様子を支援する

その上で、子供や保護者に届く評価をしていくことも求められている。今までは通知表に道徳授業に関する評価欄を設定することがほとんど見られなかったように、評価については道徳授業の関心の外になりがちだった。しかし、すべての教育活動や教科指導に評価が伴うように、道徳科もその例外ではないことが一層明確になった。

ただし、道徳科の場合、子供の人格全体に関わる道徳性に関する評価であることから、慎重かつ丁寧に、しかも、子供に対して謙虚に向き合うことが、ますます重要になる。当然のこととして、「数値などによる評価」はせず、評定や〇△、数値的な「花丸」などを付けることは考えられない。子供の成長を積極的に受け止めて、認め励ます個人内評価として、子供の「学習状況」や「道徳性に係る成長」について、主として「多面的・多角的に考えを深めているか」「自分のこととして考えられているか」の二つの視点を押さえ、大くくりな形で表現して、子供の生き方を応援していくことになる。

2 「考え、議論する道徳」へと授業の質的改善を図ろう

これらの道徳科としての新たな特質や在り方を踏まえ、授業を生み出していくことが、これからの道徳科の指導では特に重要になる。しかし、文部科学省からの報告や中教審答申などで示されていたように、道徳授業はその指導の在り方に様々な問題や課題が見られてきた。例えば、よく知られるように、以下のような授業感覚がしばしば指摘されている。

(1)道徳授業に長く見られてきた指導上の問題

私たちは、ややもすると、道徳授業に際して、主人公の気持ちを順次問う各駅停車とも言えるような授業ばかりをしていることはないだろうか。もちろん、安心できる学びの空間をつくることは重要なことである。しかし、子供が自らハンドルを持って運転するという感覚が弱くなったとき、どうしても次のような授業に陥りがちとなる。

①教師の発問に子供が反応するだけの授業

子供の反応が繰り返され、並べられるだけの授業である。しかし、子供が逐一反応し、それを教師が順次拾い上げてうなずき続けるだけでは、「生き方」に対する前向きな学びは生まれにくい。

②主人公の気持ちを問い続けるだけの授業

　また、主人公の気持ちを問い続けるだけで、国語の心情読解とも区別が付かないような指導が多く見られることも気がかりだ。道徳授業の多くは共感的な追求が軸となり、教材中の主人公の気持ちを問うことは広く行われる。しかし、そこで主人公の心情理解にとどまるならば、国語にも似て国語ほど深まりのない、いわば「小さな国語」のようなものになる。私たちはそこから抜け出さなくてはならない。

③教師の考える結論に引っ張ろうとする授業

　そして、教師の誘導性の強さも気がかりなことの一つである。多くの道徳授業は1時間という制約された時間内で進めるため、どうしても教師の考えた結論に引き込もうとする傾向が強くなりがちだ。道徳科は価値を教え分からせる時間であること以上に、子供なりの「納得解」とも言うべき自分事としての価値観を生み出す時間である。見えない「落とし穴」を「落としどころ」などと称して誘導するような授業は減らしていかなくてはならない。

⑵　「考え、議論する道徳」へと授業を転換させるためのポイント

　これらの問題をどのように受け止め、どんな方向へと改善を図っていくべきなのか。私たちは、特に次の方向に授業の質的改善のための視野を向けるようにしたい。

①道徳授業としての「主体的・対話的で深い学び」を促す

　まず、道徳授業でのアクティブ・ラーニング＝「主体的・対話的で深い学び」について、意識して実現できるようにしていくことである。この学びの姿を三つに区分して考えるならば、次のことが重要になる。

　　ア　子供の問題意識を引き出し生かす……「主体的な学び」

　まず、子供の中に主題などへの問題意識を生み出すことである。例えば、導入や教材提示の段階で、生活体験に基づく問題、共通の社会的問題、教材に見られる気がかり、道徳的価値に関する問題などから問題意識を掘り起こし、焦点化し、学習テーマなどとして位置付けることで、道徳授業が子供にとって「自分事」化した一体的な問題追求が実現する。

　　イ　主人公への共感に終わらない協働的な学びにする……「対話的な学び」

　また、特に中心的な問いに際しては、教材や主人公に対する子供の多様な意見を引き出し、並べて終わりにするのではない。そこから学び合いを仕掛けていくのである。その際重要になるのは、切り返しや切り込み、揺さぶりなどの補助発問を生かして深めていく教師の話合いの組織力である。

　　ウ　各自の考えを切磋琢磨させ「納得解」へといざなう……「深い学び」

　その上で、子供同士が考えをぶつけ合い、磨き合う。まさにその切磋琢磨を通して、一人一人がかけがえのない自己の「納得解」としての価値観の形成につなげていく。

②「多面的思考」と「多角的思考」の両面を重視する

　物事を「多面的・多角的」に考えるとはどういうことか。その「多面的思考」と「多角的思考」はしばしば似たものとして処理されがちだが、両者は次のように異なる側面をもつ。

　　・多面的思考……一つの物事を様々な側面から見て、考えを広げたりふくらませたりすること。
　　　　　　　　　　主に、分析的思考ともいえ、学び合い思考が軸になる。
　　・多角的思考……自分ならば問題をどう考えるか、どうするかなどと考えの角度をもつこと。
　　　　　　　　　　主に、選択的思考ともいえ、対立の中の議論を通して、磨き合うことが多い。

　道徳授業では多くの場合、これらの両局面が現れ、学びの過程で往蔵する。子供がそのように立ち位置を大きく変えながら問題追求をしていく中で迫力のある授業が実現する。

③「質の高い学び」として挙げられた三つの学習を生かし合う

　文部科学省より平成28年7月の評価に関する報告の中で、いわゆる「質の高い学び」が次の三つの

学習として例示された。

   A　登場人物への自我関与が中心の学習……教材での登場人物の判断や心情を自分との関わりで考え、価値理解などを深める。

   B　問題解決的な学習……生きる上で出会う道徳的な問題や課題を解決することを重視する。

   C　道徳的行為に関する体験的な学習……疑似体験的な活動や表現活動などの体験的な学習活動を生かして学ぶ。

　これらが提示されたときには、道徳授業に関心をもつ多くの実践家が驚かされた。従前の文部科学省の立場では、このような指導過程を明確に示すことは考えられなかったからである。

　なぜ、このように示されたのか。それは、この例示自体が、道徳授業が形式化を超えて形骸化、硬直化しているのではないかという強い懸念の表れであり、そのことへの警鐘だと考えたい。

　紙幅の関係で詳しくは触れられないが、重要なのは、道徳授業で、これらの三つのフレーム（枠組み）が独立していると受け止めてはならない。また、例えば、今日はAの授業、次回はBの授業を、というようにすると、再びパターン（型）化に陥る。これらを相互に組み合わせたり融合したり、また他の指導方法を発想したりして、子供の状況によって千変万化するような多彩なスタイル（様式）を生み出す開発的な授業づくりを大事にしたい。

3　確かな学びを生み出す授業をこのようにつくろう

　では、私たちは、そのような魅力ある授業をどのようにして生み出すことができるのか。その授業の構想の手順や工夫について考えてみよう。

(1)授業を一体的に構想する手順の例

　授業の構想や学習指導案づくりに明確な順序はないが、「学習指導要領解説　特別の教科　道徳編」（P.80-82）に基づくならば、およそ次のように進めていくことになる。

【学習指導案作成の手順（例）】

（ア）ねらいを検討する……指導の内容や指導の意図を明らかにする。

（イ）指導の要点を明確にする……子供の実態と教師の願いから指導の要点を明確にする。

（ウ）教材を吟味する……道徳的価値に関わる事項がどのように含まれているかを検討する。

（エ）学習指導過程を構想する……子供の学びの過程を予想しその効果的な展開を構想する。

　この中で、（ウ）「教材を吟味する」という段階がとりわけ重要になる。教材を場面や心情だけの時系列の表にして分析するにとどまらず、教材のもつテーマや、教材についての子供の受け止めなどを浮き彫りにして、その持ち味や醍醐味を子供の視点で浮き彫りにする。だからこそ、「分析」というより「吟味」という言葉が「解説書」では大事にされている。

　さらに、（エ）「学習指導過程を構想する」については、およそ次のような手順を目安として進めていくとよい。

　１）学習の中心的な問題や課題、中心的な発問などのテーマについて考える。

　２）その発問を生かすために、前後の発問などを考え、追求の過程を仕立てる。

　３）子供の学びが能動的になる仕掛けを織り込むようにする。

　４）導入や教材提示の段階で主題や教材への問題意識がもてる工夫をする。

　５）授業のまとめ方や今後へのつなげ方を考える。

　重要なことは、まず学習テーマにもなるような中心的な問題や課題、発問などから構想していくことである。そして、これらの手順全体を受け止めて、板書の見通しをもつようにする。

⑵学びを多彩に仕立てるための七つの創意工夫の「引き出し」

　このように構想された指導過程には、子供のアクティブで豊かな学びを生み出すために、様々な工夫が織り込まれる。その具体的な内容について、「解説書」（P.84-86）には、次の七つが示されている。これは、いわば、創意工夫のための様々なグッズや小道具が入っていて、そこから必要なものを引き出して授業を仕立てるための「引き出し」と言ってよいものである。

> **【「解説書」が示す道徳科に生かす指導方法の工夫】**
> ①教材を提示する工夫　　②発問の工夫　　　③話合いの工夫
> ④書く活動の工夫　　　　⑤表現活動の工夫　　⑥板書を生かす工夫　　　⑦説話の工夫

　「引き出し」には様々な道具が入っている。私たちはそれを開いて、どんな道具が使えるのかをまず様々に知っておくことが必要だ。それが授業の工夫の幅を広げ、可能性を広げる。しかし、留意しなくてはいけないのは、ここことばかりに、多様な小道具を次々と用いてしまいがちなことだ。教師が工夫することに忙しい授業は、教師誘導の感覚が強くなり、子供はその至れり尽くせりの準備の中で翻弄されるばかりで、豊かな学びは生まれにくい。そこで、「解説書」では、上記の七つを示すに際して、次のように述べている（一部要約）。

> 　ねらいを達成するには、……児童が問題意識をもち、主体的に考え、話し合うことができるように、……最も適切な指導方法を選択して、工夫して生かすことが必要である。
> 　そのためには、教師自らが多様な指導方法を理解したり……しておくとともに、児童の発達の段階などを捉え、指導方法を吟味した上で生かすことが重要である。　　　　　　　（下線は筆者）

　このように、様々な「引き出し」を用いる可能性を考慮しながらも、「選択して、工夫して生かす」「吟味した上で生かす」と繰り返し示すなどして、教師のお膳立てが効きすぎて煩雑な授業としないように注意を喚起している。

⑶板書をそれぞれの工夫が集積する大きな「引き出し」として……

　この七つの「引き出し」の中で、「板書を生かす工夫」の項目は、平成20年改訂の「解説書」で新たに加えられたものである。板書そのものが指導方法の工夫として欠かすことができないものであり、並行的に加えられたのは当然であるが、それと同時に、板書については、次のようにそれぞれの工夫の集積場所として他の工夫と相互につながり合うところでもある。

　　＜各工夫＞　　　　＜それぞれの工夫の板書との関わり（例）＞

教材提示……板書に絵カードや写真などの情報を示したりしながら教材提示をする。

発問………板書に発問に関するキーワードを示すなどして話し合う視点を明確にする。

話合い………板書に発言内容の違いを類別したりして話合いを深める手掛かりにする。

書く活動……板書に学習シートと同じ枠組みをつくるなどしてノート学習の充実を図る。

表現活動……板書に教材の背景を描いたり要点を示したりして、活動の場を演出する。

説話………板書に説話を補強する補助教材やキーワードなどを示したりする。

　いわば、板書は他のすべての工夫と深くつながった大きな「引き出し」であるといえる。それゆえ、板書の生かし方が道徳授業の成否を大きく左右し、その充実に導くカギにもなっている。板書をダイナミックに生かし、選り抜かれた工夫が広がることが大いに期待される。

　そこで、次節では最も授業の工夫が多彩に表れる板書に焦点を当てて、その意義、役割や工夫の在り方を考えてみよう。

1 道徳科の指導では板書づくりが大きなカギとなる

　板書は子供が学び合うステージである。生き生きとした道徳授業には、板書が授業展開の中に息づいている。道徳授業は１テーマ（１主題）ごとに１時間の枠の中で行われることが多く、一つの授業が板書づくりと同時に進む。したがって、子供の豊かな学びを促す上で、板書が果たす役割は他の教科以上にきわめて大きいといってもよい。

　板書はどのような機能や役割をもっているだろうか。まずそれを押さえておく必要がある。

(1)板書のもつ様々な機能を心得る

　前節で示したように、文部科学省の「解説書」には、「板書を生かす工夫」が「道徳科に生かす指導方法の工夫」の七つのうちの一つの項目として平成20年改訂時に位置付けられ、さらに、平成29年の「解説書」でも引き継がれた。

　その前半には、その重要性と機能について次のように記されている。

> 　道徳科では黒板を生かして話合いを行うことが多く、板書は児童にとって思考を深める重要な手掛かりとなり、教師の伝えたい内容を示したり、学習の順序や構造を示したりするなど、多様な機能をもっている。

　他の教科等の「解説書」では、板書の機能やその重要性をこのようにうたうことは見られない。それだけ、道徳授業においては板書に特別な意味があり、意義があるのである。

　板書のもつ機能については様々な形で整理されるが、上記の意義を基盤にして整理するならば、一般的な事項と併せて次のようなものを挙げることができそうだ。

●板書のもつ機能

　ア　情報の提示……教師の伝えたい内容を示したり、それを全員で確認したりする。

　イ　構造的理解……考えたい中身を順序や構造を生かして整理するなどして理解を促す。

　ウ　補足・補強……内容を補足したり、視覚的に補強、強調したりする。

　エ　協同思考……個人の考えや共通に与えられた情報を生かして、学級全員の思考の中心的な画面とする。

　オ　授業参画……子供の練習や作業、発表、議論や討論の場として生かす。　など

　道徳授業では、そのほとんどの学習で話合いが活動の中心となるため、話合いを広げたり深めたりする際に、このような機能が特に大切にされなくてはならない。

(2)道徳授業における板書の役割や特性を「格言」にすると……

　板書の機能をフルに活用することで、板書が有効に生かされ、その役割を発揮することができる。それを一層確かなものとするために、板書の原則的な役割を「格言」にしてみるのも面白い。例えば、次のような「格言」にして、その重要性を強調してみるのもよさそうだ。

格言１　板書づくりは授業づくり

　道徳授業では、前述のように、多くの場合、板書づくりと主題全体の授業づくりが並行的に進む。１時間を通して黒板をどのように生かすかを見通す作業は、それ自体が授業づくりの作業にもなる。道徳授業では、その特性を生かした板書づくりを心掛けたい。

格言2　板書は工夫を広げるステージ

　道徳授業の工夫の多くは、板書の中にも表れる。前節の最後にも示したように、「解説書」が示す七つの「引き出し」についても、例えば、教材提示の工夫として板書に絵などを貼り込んだり、発問のキーワードを貼り込んだり、書く活動でのワークシートの枠組みと板書を類似の形にしたりするなど、板書の工夫自体が七つの「引き出し」の多くと重なる。教師にとって、板書は工夫を広げるビッグステージなのである。

格言3　板書は1時間で1画面

　道徳授業の多くは、1時間1主題で進められる。その間に板書も1画面が整えられていく。したがって板書構成の手順と道徳科の学習指導案づくりが、同時に構想されることも多い。板書1枚をどのように設計するかが、道徳授業を構想する重要な考えどころになるのである。

格言4　板書は学級全員の共通ノート

　また、道徳授業では子供が板書の内容を自分のノートに写し取る作業はほとんど行われない。多くの場合、黒板そのものが子供の思考を整理し、考えを行き交わせ、共に練り上げるための共同作業の場となり、共通のノートとしての役割を果たしている。

格言5　板書は授業を映し出す「鏡」

　そして、道徳授業では、授業での主題や道徳的価値についての思考経路や構造などが板書に投影され、浮き彫りになる。だから、板書を見れば、授業の全体やその足跡が見える。板書は授業をそのまま映し出す「鏡」なのである。

2　柔軟な板書づくりで道徳授業をひらこう

　これらの板書のもつ機能や役割が生かされるとき、板書は様々な形になって表れる。板書の可能性を一層広げていくためにも、私たちは、次の構えをもつようにしたい。

⑴「解説書」が示唆する板書の多様さやその可能性

　まず、先に示した「解説書」の「板書を生かす工夫」の内容に続けて、次のように工夫の視点などを整理していることが参考になる。

> 　板書の機能を生かすために重要なことは、思考の流れや順序を示すような順接的な板書だけでなく、教師が明確な意図をもって①対比的、構造的に示したり、②中心部分を浮き立たせたりするなどの工夫をすることが大切である。
> 　　　　　　　　　　　　　　　　　　　　　　　　　（下線及び番号は筆者）

　平成20年改訂時の旧「解説書」の同様の項においては、上記の趣旨に加えて以下のような文も付け加えられ、より詳しく述べられていた。

> 　特に低学年においては、③黒板を劇の舞台のようにして生かすことなども考えられる。また、教師が児童の考えを取り入れ、④児童と共につくっていくような創造的な板書となるように心掛けることも大切である。
> 　　　　　　　　　　　　　　　　　　　　　　　　　（下線及び番号は筆者）

　「解説書」では、これらが示すように、内容を左から順接的に配置していくだけの、いわゆる「川流れ」的な板書にとどまらず、多彩な工夫を織り込むことの有効性について触れている。いわば、板書の機能を制約的に考えるのではなく、開発的な発想で捉え、そのもつ魅力や可能性について示唆しているのである。

⑵心掛けたい板書づくりでの構えと方向

　では、実際にどのような板書づくりに臨むとよいのか。「解説書」が示す上記の①から④を手掛かりにして改めて整理するならば、次のようなポイントが浮かび上がる。

① **構造的な板書にする**……話の組み立てや話合いの流れ、テーマやねらいとする価値の内容の違いなどが構造的に映し出されるようにする。

② **中心の見える板書にする**……中心的なテーマが何なのか、中心となる問題場面がどこなのかなど、授業の中核的な部分に幅をしっかりと取り、印象付けられるようにする。

③ **一体的に生かす板書にする**……画面全体に思考過程を見せたり、一つの舞台（ステージ）として生かしたりするなど、授業の追求に合わせた一体的な活用をする。

④ **子供と共に創る板書にする**……板書に子供の発想を取り込んだり、子供が参画できる部分もつくったりして、協働のイメージを大事にする。　など

　もしも、最初から見通しをもたないまま板書をつくり始めると、右から縦書きになり、発問ごとに絵やカード、子供の発言例が逐一並ぶような画面になりがちである。まさに、学習指導案をそのまま横にして見るような板書になる。もちろん、そのような方法が生きる授業展開もあるだろう。低学年段階では、時系列的な理解が必要な場合も多い。しかし、重要なのは、板書のもつ可能性を踏まえ、黒板という長方形を常に一体感のあるものとして捉え、中心のある構造的な板書を構想する構えを見失わないことである。

３ 授業を活性化させる板書の様々な工夫を心得よう

　そして、実際の板書づくりに際して、私たちは、時にスパイスの利いた、また時に大胆にアレンジをした板書にすることで、道徳授業を開発的に発想していきたいものだ。それが、子供の学習の可能性を広げていくことにもつながるからである。

⑴授業の内容に応じて、こんな板書をデザインしてみよう

　例えば、次のような板書を、それぞれの授業の内容や主題の特質、子供の学びに合わせてつくっていくようにする。なお、これらはあくまで創意工夫の例である。これらのイメージを趣旨に合わせて相互に重ね合わせると、板書の工夫は無限大に広げていくことができる。

工夫１　話合いの中心部分をクローズアップした構成

　道徳授業には、子供が最も考えたいと思う場面やテーマがある。それが多くの授業では主題となり、中心的な問題となる。板書にはそれが見えるようにし、またその中心的な練り上げの場を確保して、そこに子供の感じ方、考え方が多様に浮き出るようにしたいものだ。

　板書にテーマなどを明記することで、その全体が問題追求の場として引き締まった構成となる。また、中心部分を浮き立たせることで、授業展開と同様に、板書にも抑揚やメリハリが出る。

工夫２　意見の違いを捉えやすく分類して示した構成

　板書に一人一人の考え等が区分けされてこそ、子供は多様な考えの中での自分の考えの在りかや特色などを押さえることができる。道徳授業では、子供が自らの意見の在りかを表明するときには、ネームカードや色カードがしばしば活躍する。子供は自身の場所が見えると、自己の考えに対する責任と、話合いへの切実感、意見表明への意欲を高めることができる。

工夫３　上下または左右に対比的に見せて対立させたり、比較したりする構成

　上記にもつながるが、対比的・対立的な構成にすることで、自分の立場ができ、考えが明確になる。プラスの考えとマイナス的な考え、自分の現実と理想の違いなど、対立する意見や二分する内容を含むときは、四角い板書を思い切って上下または左右に対置するのも面白い。

例えば、「する・しない」「天国と地獄」「行く・行かない」などの対立が見えたとき、必然、教室の座席も、左右に分かれて、討論的な授業になることも多いだろう。

工夫4　心情図や心情曲線、心のシーソーなどを配置して心の変化などを見せる構成

これは、気持ちの変化を高さの変化や色の違いで表したり、チョークの線で黒板の中にグラフのように書き込んだりして、視覚的に分かりやすくする工夫である。

気を付けたいのは、子供の価値観は様々であり、その心情の高さや色は一つに決まらないのに、板書には代表事例しか書けない場合が多いことである。板書に残されたものは、あくまで例示であると受け止め、それのみが正解だとする感覚に陥らないようにしなくてはならない。

工夫5　黒板を劇場の舞台のようにして生かす構成

黒板が森の世界になったり、イソップ童話の草原になったり、二つの島がその左右に配置されたりする。また、黒板の真ん中に大きな虫かごを描けば、そのかごの中の虫に子供の心が投影される。黒板を劇の舞台に重ねたこのような構成は、特に低学年段階の子供に強い印象を与える。そして、黒板の舞台背景の中に発言内容がアレンジされていくと、子供はその画面に自分の感情や思考を素直に重ねて溶け込ませていく。

工夫6　顔の絵や板書絵を移動したりして変化を付けた構成

黒板の中に人物絵や場面絵を貼り込む方法は、道徳授業でしばしば見られる工夫である。しかし、細かな情報提示は、子供の創造的な思考のブレーキになる。貼り込む絵の枚数など情報を絞って提示することにより、子供の想像をかき立て、話の世界を膨らませることができる。また、貼り込んだ顔絵の表情を裏表で変えておき、例えば「うれしい顔→悲しい顔」のように変化を見せる方法も面白い。人物や動物の絵を黒板上で移動したりする方法もよく見られる。

なお、時に、表情が誘導するような授業を見ることもある。むしろ表情を付けないシルエットが効果的なことも多い。その表情自体を想像しながら話し合う面白さがあるからである。

工夫7　子供が参画できる工夫を強調した構成

一人一人が自分の意見を貼る、自分の名前札を板書のコーナーを選んで貼り込む、自分の意見を黒板に思い思いに書くなど、板書への子供の参画の仕方は多様に考えられる。子供が板書を生かして自分の立場を表明したり、意見を短冊に書いて貼り、それをグルーピングしてみたりすると、話合いに一層の深まりと迫力が生まれる。そうすることで、板書は常に教師がつくるものという思い込みから抜け出すこともできる。

⑵教師の料理の「お膳立て」を子供の学びへの「仕掛け」に変えていく

板書は子供の心が豊かに交わる場であり、体温のあるコミュニケーションを促すための広場である。しかし、教師が自分の視野からだけで目一杯活用しようと肩に力を入れ過ぎると、時に、教師が豪華に料理するだけの画面となり、板書そのものが授業を狭く、堅く、息苦しく、重くなりがちだ。このような「板書づくりのための授業」に陥らないようにするために、私たちは少なくとも次のことを心に留めておくことが大切だ。

①板書は子供の学習が織りなす作品であることを心に留める

一つは、板書を教師が予め想定した「予定調和」だけの「作品」にしないことである。もちろん、力を込めた工夫は大切だ。しかし、板書は子供の考えが織りなす画面である。教師はそのような子供のエネルギーを生かしながらつくっているのだという意識を忘れてはならない。

②カードや絵を過度に用意するなど細かな「お膳立て」をし過ぎないようにする

また、カードや場面絵などが数多く並ぶ板書をつくることは、子供の意識を教師のカードの貼り込みで誘導し、教師の意図の中に強くはめ込んでいくという面もあり、子供は、授業に対して受け身の意識しかもたなくなる。

言うならば、カードや絵の「枚数の多さ」は、教師が自分の意図どおりに流したいという思いからくる「不安の強さ」と比例している。文字短冊などはその枚数を絞り、逆に、板書の構成で子供の思考を促す「仕掛け」をしていくのだと考えるようにする。

③アナログ画面としての手作りのよさも失わない

　そして、板書のアナログ画面としての特質を生かすことである。今はICTが席巻し、情報提示の優れものとして活躍する時代である。パソコンに読み込んだ画面や教材の文章をスクリーンに投影する教材提示も多く見られる。確かに簡便であり、分かりやすく見やすい画面などはこれからも適切に生かしていきたい。

　しかし、それとともに、道徳教育は見えない心が交わる世界であり、デジタル以上にアナログの力が子供の学習を動かしている。手作りの中に教師の心が込められ、子供の心の琴線を震わせるアナログ感のある板書は、デジタル化時代の今だからこそ、かえってその新鮮さと重要性も増しているのである。

2

第5・6学年における
道徳の時間の指導

1 認識能力、論理的思考力

　「小学校学習指導要領解説　特別の教科　道徳編」（以下、「解説書」という）には、例えば、生命の尊さについて考える際に、「様々な人々の精神的なつながりや支え合いの中で一人一人の生命が育まれ存在すること、生命が宿る神秘、祖先から祖父母、父母、そして自分、さらに、自分から子供、孫へと受け継がれていく生命のつながりをより深く理解できるようになる」（第5学年及び第6学年）とある。「生命の尊さを知的に理解するというより、日々の生活経験の中で生きていることのすばらしさを感じ取ることが中心になる」（第1学年及び第2学年）、「病気やけがをしたときの様子等から、一つしかない生命の尊さを知ったり、今ある自分の生命は、遠い祖先から受け継がれてきたものであるという不思議さや雄大さに気付いたりする視点も考えられる」（第3学年及び第4学年）と比べると、高学年では生命の尊さを「感じ取る、気付く」ことから、「より深く理解する」ことが可能となるのである。ここに、認識能力の高まりという高学年の特性を見いだすことができる。

　この認識能力の発達によって、抽象的なテーマについても論理的に思考する力が育ってくる。例えば、相互理解、寛容について考える際に、「自分のものの見方や考え方についての認識が深まることから、相手のものの見方、考え方との違いをそれまで以上意識するようになる」ので、「相手の意見を素直に聞き、なぜそのような考え方をするのかを、相手の立場に立って考える態度を育てる」（第5学年及び第6学年）ことが求められている。「ともすると違いを受け止められずに感情的になったり」（第3学年及び第4学年）する中学年に比べ、自分と異なる意見や立場を冷静に受け止めて考える論理的思考力が高まってきている高学年ならではの特性といえる。

　指導に当たっては、話合いの際に、物事を多面的・多角的に考えられるように、道徳的価値のもつ様々な側面、例えば生命のもつ連続性や有限性、神秘性などに着目するようにしたり、生命について考える様々な視点、例えば、医師や獣医師、科学者、芸術家などの立場で考えるよう促したりすることが考えられる。

　また、教材に登場する人物の行為や結果のみの話合いにとどまるのではなく、動機や結果に至るまでのプロセスも大事に視野に入れて議論が深まるようにすることが求められる。教材やテーマに対する子供の思いや願いを十分受け止めながら、子供が自分との関わりで考えられるよう話合いを進めていくことが大切である。

2 自主的、自律的な意識や態度

　一般に、子供の道徳性は他律から自律へと発達するといわれている。道徳的行為を行う際に、親や教師など他の指示や称賛などがその動機となる場合、他律的であるといえる。これに対して、道徳的行為を道徳的判断力や心情、実践意欲と態度など、自分自身の道徳性から行う場合、自律的であるといえる。低学年では、他律的であっても、道徳的行為を行うことによって感じる嬉しさや満足感を日々の生活の中で十分味わえるようにしたり、道徳的行為を真似してみたいと思うような環境づくりを行ったりすることが大切であり、その中から、自律的な道徳性が養われると考えられる。

　「解説書」には、例えば、善悪の判断、自律、自由と責任を考える際に、低・中学年では「身近な事例を踏まえ、人としてしてはならないことについて、一貫した方針をもち、毅然とした態度で指導していく」（第1学年及び第2学年）、「正しくないと考えられることをしている人を止めたりできるように指導する」（第3学年及び第4学年）ことが求められているのに対して、高学年では「自主的

に考え、行動しようとする傾向が強まる」ことから、「自分の意志で考え判断し行動しなければならない場面やその後の影響を考えることなどを通して、多面的・多角的に理解できるようにする」ことや「自らの自律的で責任のある行動についてのよさの理解を一層深める」（第5学年及び第6学年）ことが求められている。

つまり、善悪の判断や自らの行動について、これまでの教師による（他律的な）指導を基盤としながら、子供自身が問題場面において望ましい道徳的行為を自ら考え、判断・選択し、行動していくという自主的、自律的な意識や態度を適切に育てる必要がある。

自主的、自律的な意識や態度をさらに育てていくためには、社会的な認識能力が発達してくるこの段階において、自分自身から視点をより広い立場へと移していくことも必要となる。社会の中で自立する主権者としての資質、他者と連携・協働しながら社会を生き抜く力、様々な課題解決を主体的に担う力など、社会や世界と関わりながらよりよく生きるための人間性を養う指導を目指すことも視野に入れておきたい。

指導に当たっては、他律的から自律的へ子供の学びの形も変えていく必要があるだろう。例えば、教材を提示した後に、子供が気になったことなど感想を述べ合う中から、考えてみたいテーマを決めて話し合う等、子供の主体的な学びを生かす工夫をすることが考えられる。また、一問一答に陥りやすい一斉での学習形態から、少人数グループを基調とした学習形態を用いて話し合う等、対話的な学びを生かす工夫も考えられる。道徳科に限らないが、高学年では、教師のリード性から子供の自主性や主体性を生かす多様な学習形態や展開へとシフトしていくことが重要と考える。

3 集団における自己の役割の自覚

高学年は、児童会活動、クラブ活動、学校行事を通して学校を支えるリーダー的存在としての自覚や、学級活動、集団宿泊活動、ボランティア活動を通して集団の中で協力して役割を果たす大切さの理解や集団の一員としての自覚などから、集団における自己の役割の自覚や役割を果たす責任に対する意識が高くなる。特に、6年生は最高学年としての活躍を周囲から期待されている。

「小学校学習指導要領解説　総則編」には、学年段階ごとに配慮することとして、「小学校教育の完成期であり、高学年段階の児童としての自覚ある行動」が求められ、「知識欲も旺盛で、集団における自己の役割も大いに進む」この時期に、「自己や社会の未来への夢や目標を抱き、理想を求めて主体的に生きていく力」を育てるため「中学校段階との接続も視野に入れ、特に国家・社会の一員としての自覚を育てることを重視した適切な指導を行う必要がある」とある。現状での集団における役割自覚から、より広い集団の一員としての自覚へと発展的に意識を向けていくよう、学校のみならず、例えば、地域社会の行事への参加を積極的に促すなど、地域社会への貢献を通じて社会に参画する意欲や態度を育てることも考えられる。

内容項目としては「よりよい学校生活、集団生活の充実」として、「先生や学校の人々を敬愛し、みんなで協力し合ってよりよい学級や学校をつくるとともに、様々な集団の中での自分の役割を自覚して集団生活の充実に努めること」と示されている。今回、いわゆる「学校を愛する心」と内容的に一つにまとめられた形ではあるが、後半部分の集団の中での役割の自覚に関する記述は、高学年からの内容であり、学校だけでなく様々な集団において自分の立場やその集団の向上に資する自分の役割について考えを深める点などは、高学年ならではの特性といえる。中学校では「（前略）様々な集団の意義や集団の中での自分の役割と責任を自覚して集団生活の充実に努めること」と示されている。中学校段階での「様々な集団の意義」あるいは「自分の役割と責任」に向けて発展的につなげていくようにしたい。

指導に当たっては、様々な集団を具体的に捉えさせるため、学校における学級集団や児童会、クラ

ブだけでなく、地域社会での遊び仲間集団や少年団体などの身近な集団の中での自分の立場や役割を見つめられるよう促すことが考えられる。また、様々な集団での活動を想起するようにし、集団を支えているのは自分たちであることに気付くようにすることも考えられる。例えば、運動会などの学校行事で自分たちが活躍している映像から、そのときの思いやみんなで力を合わせて取り組んだ達成感などを振り返るようにするのである。

4 指導の工夫のポイント

高学年で陥りがちな問題点を踏まえながら、指導の工夫のポイントについて考えていきたい。

①本音を語る

「先生はどんな答えを求めているのか」と子供が忖度する原因は、教師がねらいに向けて子供を引っ張ることにある。教師の意図があまりにも見え過ぎるため、子供は本音ではなく、教師の求める正解を考えるのである。子供が何を言ってもそれを受容する環境づくりと、ねらい達成至上主義にならないことがポイントである。道徳授業の本領発揮は子供が自由に本音を語るところにある。本音を語り合うからこそ、子供は本気で話し合うのであり、子供にとって魅力ある面白い授業となる。

②主体的な学び

教材やテーマに対する問題意識が十分ないままに発問を投げかけても、子供は乗ってこない。また、予め教師が用意したテーマや発問を板書カードにして貼り出したり、設問が書いてあるワークシートに答えを記入させていったりする方法が子供にとって主体的な学びなのかを考え直す必要はないだろうか。例えば、問題場面を提示して、子供の気付きを促し、「なぜ？　どうして？」と考えてみたくなる問いを学習テーマとして掲げて問題追求の流れをつくる、事前アンケートなどを用いて、考えざるを得ない切実感を子供から引き出すなどの工夫が考えられる。さらに、子供の問題意識は教材や友達の気になる発言などに対するつぶやきとして表出するので、つぶやきを発問の投げかけに生かす工夫も考えられる。

③対話的な学び

クラスの実態にもよるが、学年が上がるにつれて発言する子供の数が少なくなる傾向が一般に認められる。少ない発言をフォローしようとするあまり、教師がいちいち口を挟むので、子供よりも圧倒的に教師が話す授業となってしまうのである。子供が考えやすいよう、発問の精選や授業展開をなるべくシンプルにすることと、2で述べたが、少人数グループを活用して対話的に話合いを進める方法が効果的である。例えば、①3人グループをつくり、教師の発問に対して、まずは3人グループ内で自分の考えを伝え合う、②もしも、自分の考えが思いつかない場合は、グループ内で出た意見を自分の考えにしてもよいこととする、③クラス全体での意見発表は、グループ内で決めた順番に従って全員が行う。この方法だと、どの子供にも公平に発言の機会が回ってくることや、発言が苦手な子供でもグループ内で助け合ってチャレンジできるので、発言へのハードルは確実に下がる。

④終末（まとめ）

教師の意図でまとめ過ぎると、子供が本音を語らなくなる恐れがある。本時で学んだ内容や学び方について振り返りを行うことも考えられる。一人一人が自分の納得するまとめ方を工夫したい。

1 高学年における板書の基本的な考え

①板書は何のために行うのか

　板書は主に一斉応答型学習（いわゆる授業）において、学習内容や学習者の発言した事柄などを黒板に書いていくものである。特に、知識などを教えたり、説明したりすることが比較的少ない道徳授業では、子供からの意見を書いていくことが中心となる。

　道徳授業における板書には主に次の四つの目的が考えられる。一つめは、子供の発言内容を可視化し、子供の思考を促すためである。リアルタイムに自分と他とを比較、検討することを通して、自分の考えを広げたり深めたりするのである。二つめは子供の学びの記録を残すためである。子供は後から確認したり、振り返ったりすることができる。三つめは、集団思考で練り上げた価値の共有化のためである。子供が目指すべき方向性を確認したり示唆したりすることができる。四つめは、教師が授業を展開するための作戦ボードとするためである。子供の発言を整理することで、子供の考えをさらに広げたり深めたりする問い返しにつなげることができる。

②板書では何を書く（掲示する）のか

　基本的には発問及びそれに対する子供の発言内容を整理して書いていく。発問のかわりに場面絵や登場人物のシルエット（表情にとらわれずに考えさせるため）を用いて、吹き出しを描いて発言を書いていくこともある。この他、補助教材として各種データ（表やグラフ）、写真や映像からの画像、キーワードなどを記した板書カード、文字短冊（フラッシュカード）、自分の立場を表明するためのネームカード、ホワイトボード、心情曲線など、授業者の指導の意図によって様々な掲示物が考えられる。

③板書における配慮とは何か

　発言内容によって書く・書かないは基本的にしない。子供の発想や問題意識を大切にするため、学習テーマや基本発問などは板書カードにしない。子供の言葉を教師が勝手に言い換えない。色チョークは効果的に活用するなどが考えられる。

2 学習指導過程における板書の特徴

①導入

　導入では、ねらいとする価値やテーマに子供が向き合うようにしたり、子供の興味・関心が教材に向くようにしたりする活動が考えられる。前者では、問題場面や事前アンケート結果を提示して子供の問題意識を掘り起こしながらキーワードや本時で追求するや学習テーマなどを設定する。これらを黒板上方や中央に板書するのである。問題解決的な学習が学習指導要領に明記されて以来、高学年ではこのような導入が多く見られるようになった。後者はいわゆる教材そのものの導入である。教材にまつわる補助教材を提示したり、エピソードを紹介したりする。教材を提示した後に、感想などを述べ合う中から、考えてみたい事柄を子供と練り上げていくケースも増えてきている。ただし、教師が考えさせたい事柄と子供が考えてみたい事柄は必ずしも一致しないので、教師の意図と子供の願いが重なり合う部分がうまく探せるかがカギとなる。

②教材提示

　教材提示は教科書を範読するだけでなく、映像教材を使うなど様々に工夫できるところである。低・中学年では黒板をペープサートを用いて劇場化したり、パネルシアターとして活用したりする例

が見られる。高学年の教材文は文字数も多く、内容を理解することが困難な作品も多い。その際には、注意を喚起したいキーワードなどを予め板書カードにし、教材文を読みながら順次黒板に貼り付けていくことで子供の理解を促すことも効果的であると考える。

　また、プレゼンテーションソフトにスキャナーで読み込んだ教科書の挿絵などを貼り付けて、紙芝居風に教材提示を行う方法も一般に見かけるが、教材提示後は発問を投げかける際の場面絵としても活用できる。

③展開

　展開では教材提示後、基本発問を投げかけながら、子供からの発言内容を整理しながら端的に板書していくことになる。基本発問の中でも、ねらいに向けて考える中心発問では、他の発問や板書事項とのバランスを考えて、最も子供の印象に訴えかけられる位置をキープしておくとよい。時系列的に右から左に縦書きで書いていく板書はシンプルで分かりやすいが、子供の問題意識や思考の流れに沿った構造的な板書を心掛けるようにしたい。

　子供の発言を板書していく際に、主に二つの方法が認められる。一つは、子供が発言をしているときは、子供に正対して受け止め、手元に発言内容をメモしていく。何人かの子供の発言が一通り終わったら、これまでの発言をまとめて書く旨を知らせて、メモを基に整理した内容を書いていくという方法である。もう一つは、子供が発言している間はリアルタイムに発言内容を書いていくという方法である。前者は子供に向き合い子供を大事にしている印象を受ける。メモを基に内容を精選する（同じ意見はまとめられる）ので、板書内容もすっきりとして全体的にスマートな感じがする。しかし、丁寧に受け止めようとするあまり、子供は教師に向かって一生懸命に発言している印象は否めない。後者は、リアルタイムに書くので、量的にも多い高学年の発言内容を板書していくことは至難の技のようだが、子供は教師ではなくクラスメイトに向けて発言をしやすい。前に紹介した３人グループでの対話的な話合いでは、子供同士の相互指名で発言をつないでいくこともあるので、内容を網羅的にすべて板書することは不可能である。したがって、教師は背中で子供の発言を聞きながらキーワードを板書していくことになる。発言に対していちいちフォローしたり問い返したりせず、ねらいに関わるなど気になる発言に対してのみ問い返すことで、子供の発言が中心の授業が展開しやすいといえる。子供の状況を考えて、両者を使い分けるということも有効である。

　教材を中心とした話合いの後に、ワークシートを用いて道徳的価値と向き合いながら自分自身を見つめたり、自らの学びを振り返ったりする活動が見られる。ここでの発言や記述をすべて板書に整理してクラスで共有し合うことは難しいとしても、教材を通して学び合った道徳的価値に関するいくつかのキーワードを出してもらって板書することは可能であるかもしれない。導入で提示した問題意識に関わる板書や学習テーマの周辺に書くと、授業に一貫性を見いだしやすい。

④終末

　説話として名言や格言を紹介する際には、その人物のエピソードとともに名言や格言を掲示したい。

　ねらいからずれていないかとの不安から、今日の学習で大切だと思うことを子供に言わせ、それを板書し、ねらいとする価値に直結させるまとめ方には、子供が本音を語らなくなる可能性が高くなるので十分注意が必要である。多少ずれていた子供がいたとしても、ねらいに向けて無理に修正をかけることのほうが、結果的に道徳授業にとっての弊害は大きい。本音で語り、本気で話し合うという道徳授業が本領を発揮するところを大切にしたい。

3 授業を活性化させる板書の工夫

①黒板の真ん中から書き出す板書

「大事なものは真ん中に書こう」そう思い、子供と共に練り上げる学習テーマが授業では一番大事と考え、まずは学習テーマを黒板の中央に書いたのがきっかけとなっている。黒柳徹子さんの「父の言葉」（B1親切、思いやり）では、親切とお節介の違いについて投げかけ、学習テーマ「本当の思いやりとはどんなものか」（価値テーマ）を設定する（入口）。教材「父の言葉」を読んで話し合う学習活動では、発問①「黒柳さんはどんな思いから赤い松葉杖の女の子から隠れてしまうのか」、発問②「お父さんはどんな考えで『行ってお話してあげなさい』と言ったのか」、発問③「あなたは黒柳さん、お父さん、どちらの立場で本当の思いやりを考えたいか」を発問する。板書は対立的に、学習テーマの右、左に黒柳さんの思い、お父さんの考えを板書する。

そして、中央の学習テーマに戻って、「（あなたが考える）本当の思いやりとはどんなものか」を再度投げかける（出口）。授業では真ん中から入って、真ん中から出るということで、「授業の入口と出口を近づける」板書として捉えられる。

上記に対して、教材テーマを設定することも考えられる。

まず、導入では「黒柳さんを知っていますか」と投げかけ、教材「父の言葉」を読んで、感想を発表し合う。感想の中から、学習テーマ「今の自分が黒柳さんの立場ならどうするだろう」（教材テーマ）を設定して黒板中央に板書する（入口）。発問①、発問②は同じ。そして学習テーマ「今の自分が黒柳さんの立場ならどうするだろう」を再度投げかける。そして、最後に「思いやりについて学んだことはどんなことか」（価値テーマ）を投げかけ、教材テーマの下の位置に板書する（出口）。最終的には道徳的価値についての学びを導くため、「授業の入口と出口は別物」の板書として捉えられる。授業の入口を価値テーマや生活テーマ（「なぜきまりを破ってしまうのか」など）だけにすると、子供を追い詰めてしまいがちになるので、教師から道徳的価値を出さない教材テーマの導入も、高学年にとって教材の素材をそのまま生かせることもあり、有効であると考えられる。

②横書きの板書

ウェビングを活用した板書など、横書きの板書を多く見るようになって久しい。基本的には、板書の縦書き、横書きは、その教科の教科書に準じ、教科書が縦書きならば板書は縦書き、横書きならば板書は横書きとされてきた。道徳科の教科書の教材文はほとんど縦書きなので、板書は縦書きにすべきだとの声もあるようだが、現在では構造的な板書にしていくために横書き、縦横混ぜ書きもありとの認識である。

子供の思考の流れが分かりやすいように矢印で結ぶのはよいが、複雑化して構造がよく分からない板書も散見する。書いてしまえば何でもありというわけではなく、本書の板書例を参考にして、自分なりの基本方針や板書スタイルを確立し、子供にとって魅力ある道徳授業づくりに取り組んでいただけたら幸いである。

3

第5学年の
道徳・全時間の板書

教材名
うばわれた自由

出典：学研、学図、廣あ、光文、日文、光村、教出6年

A 1 善悪の判断、自律、自由と責任 ｜ 主題名 **自由って何だ？**

1 ねらい

　自由と自分勝手の違いについて考え、自律的で責任のある行動をするための道徳的判断力を育てる。

2 教材の概要

　森の番人であるガリューは、狩りを禁止された森から銃声を耳にする。銃を撃ったのは、国の王子ジェラールであった。ジェラールはガリューの忠告を聞かず、逆にガリューを捕まえ、牢屋へ入れる。しかし、その後、王になったジェラールは、勝手を続け、過去の自分の行為を後悔することとなる。

3 教材を生かすポイント

○ 本当の自由とは何かを考えさせる上で、「本当の自由」とそうではない「わがままや自分勝手」の線引きは容易ではない。だからこそ、自由についてのそれぞれの考えを「自由って何だ？」と問う。それらを児童同士で比べながら話し合わせると、どうしても容易には線引きができないことが出てくる。例えば、公園で野球をすることが他の人にとって迷惑となるのなら、「自由」ではなく「自分勝手」となる。そういったことについて、話合いを通じて明確にさせながら、ねらいを達成したいところである。

4 本授業の展開

学習活動と主な発問等	● 指導の手立て　◆ 板書の工夫
1 自由だと思うことや自由な行為についての考えを発表する。 **Q1** みなさんの考える自由の中で、よくない自由がありますか。**1**	● 児童が考える「自由」について、マインドマップなどを基に考えさせる。 ● 「自由」について仲間分けを行い、様々な自由があることに気付かせる。
自由って何だ？	
2 教材「うばわれた自由」を読んで、「自由とは何か」について話し合う。 **Q2** ジェラールの考える自由は、線引きができるでしょうか。**2-1** **Q3** 「自由」か「自由ではない」かを判断するには、どんな考えが大切でしょうか。**2-2** **3** 学習を通して自由について考えたことを基にまとめる。 **Q4** 自由って何だ？ **3**	◆ ジェラールが牢獄に入れられるまでの絵を黒板に貼る。 ● 導入で実施した活動を基に、ジェラールの行為について、自由とそうでないものについて線引きを行わせる。 ● ジェラールの行為についての自由とそうでないものについては、学級の多くの児童が自分なりの判断がつくと考える。その理由について議論させたい。 ● 様々な状況の中で、適切な判断が求められる。その根本には、善悪の判断がある。児童には、様々な状況での「自由」について考えさせたい。
4 自由について考えたことを振り返る。	● 自由について考えたこととねらいとを関係付けたまとめをする。

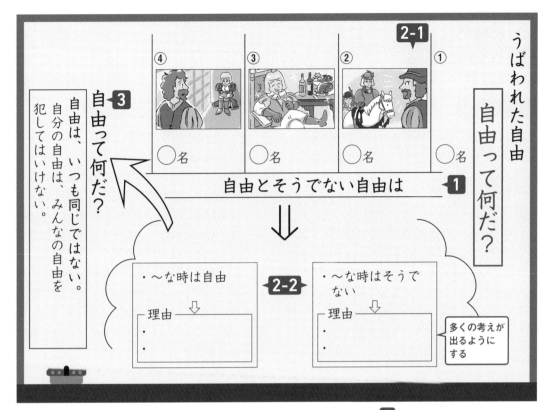

うばわれた自由

自由って何だ？

2-1

④ ○名　③ ○名　② ○名　① ○名

1 自由とそうでない自由は

3 自由って何だ？

自由は、いつも同じではない。
自分の自由は、みんなの自由を
犯してはいけない。

2-2

・〜な時は自由

理由
・
・

・〜な時はそうで
ない

理由
・
・

多くの考えが
出るように
する

3

Q3 では、「自由」か「自由ではない」かの判断について、**Q1** での問いを大切にしながら活動の続きを行う。その際、その判断をどのようにしていくのかじっくりと考えさせる。

2

Q2 では、ジェラールの行為について判断をさせる。多くの児童が、自由でなく自分勝手と捉えるかもしれない。しかし、そのことが **Q3** につながることを意識して進めたい。

1

Q1 は、導入段階であるが、学習の軸となる活動となる。それを意識しながら、自由の線引きはどこにあるのだろうかという問いをもって学習を進められるようにする。

いきたい。

準備するもの

○ ワークシート
　　💿 5 –01– 1
○ 牢獄に落ちるまでのジェラールの絵
　　💿 5 –01– 2 〜 4

板書を生かして盛り上げる工夫

○ 自分の考える自由は、5年生の児童にとって社会通念への理解からよい判断ができる面も多い。その児童にしてみれば、ジェラールの行為についての判断は、ある意味容易かもしれない。しかし、判断がつきにくい部分について、じっくりと考えさせて

評価のポイント

○ 自分の考える自由について曖昧な部分があることを理解し、学習を通じて、その部分について自分なりの考えを深めているか。
○ 比較したり関係付けたりしながら、自由についての捉えを多様化しているか。
○ 児童の発言や振り返り等の記述から学習状況を見取る。

5年

見えた答案

出典：東書

A2　正直、誠実　|　主題名　正直な自分？

1　ねらい

　誠実に明るく生活するための道徳的判断力と道徳的態度を育てる。

2　教材の概要

　算数が得意な主人公の花子だが、テストの前日、母の看病から十分な復習ができないまま臨むこととなる。後悔の念を抱きながらも、問題を解き進めていく。しかし、最後の問題がどうしても分からない。そんなとき、隣りのよし子の答案が目に入り、解き方のヒントをもらう。過ちと自覚しながら満点の答案を見つめる。

3　教材を生かすポイント

○　「見えた」と「見た」では、子供だけでなく大人も考えが二分するだろう。しかし、結果として自らの答案に写し、自身の偽りの答案で満点を取ってしまうことを非と捉える児童は多い。どんな状況であろうと偽りの行為を自制し、自らを公明正大に明るくしてくれる道徳的価値が、「正直、誠実」な心である。花子は、それが分かっているからこそ、良心の呵責から苦しんでしまう。「ちょっとした出来心」や「見たくて見たわけじゃない」という考えと偽りの行為とを関連付けて考えさせたい。

4　本授業の展開

学習活動と主な発問等	●指導の手立て　◆板書の工夫
1「正直な自分」と「そうでないときの自分」についての考えを発表する。	●「正直な自分」と「そうでないときの自分」を比べ、そうでなくなるときの状況から、課題をもつようにする。
正直に生きるために大切にしたいことは何だろうか？	
2教材「見えた答案」を読んで、「正直に生きるために大切にしたいことのよさ」について話し合う。 Q1 答案が「思わず見てしまった」と「見た」とは違うと思いますか。 2-1 Q2 過ちのまま終わっていいのでしょうか。 2-2 **3**正直に生きるために大切にしたいことについて考える。 Q3 正直に生きるために大切なこととは何ですか。 3	●「わざとでなければ許される」などの行為についての考えを、多様に出させる。原因となる状況の曖昧さからなかなか判断できなくなる状況について、共感的な雰囲気の中で話し合わせる。 ●「偽りの行為のまま終わってよいのか」を基に、「偽りを抱えたまま過ごすとどうなるか」などの補助発問を行う。 ●正直に生きるよさと、偽りを抱える心苦しさとの関係を捉えるため、自分の考えをワークシートにまとめさせる。
4正直に生きることのよさについて教師の話を聞く。	●正直に生きることのよさについて、教師自らの体験を基に話をし、正直のもつ価値についてまとめる。

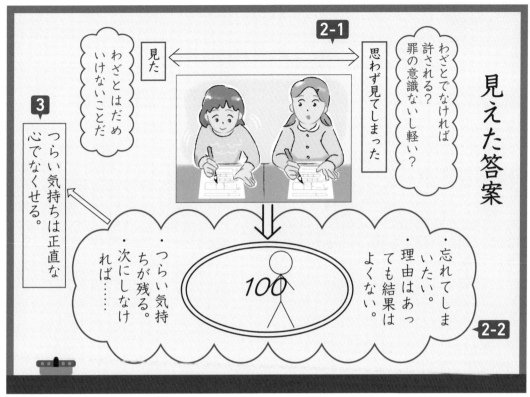

見えた答案

3

Q3 では、これまでの学びの中で出された多くの考えを基に、本時の学習を振り返らせながら、自分の考えをワークシートにまとめて発表させる。

2

Q2 では、結果として「偽りの行為のまま終わってよいのか」という問いを基に、偽りを抱えたまま過ごす心苦しさや、その反対にある正直の価値について考えさせたい。

1

Q1 の「思わず」という言葉は、時として責任転嫁をする心理的状況を生み出してしまいやすい。その心理に共感しながら、自らの利としてしまった心の弱さなどを共感的に考えさせたい。

準備するもの

○ 「思わず見てしまった」と「見た」と書かれたワークシート
　🔴 5 -02- 1
○ 場面絵
　🔴 5 -02- 2

多様な考えに触れさせる工夫

○ 「思わず見てしまった」と「見た」の行為を板書することで、ついつい犯してしまう偽りの行為に潜む心の弱さなどを共感的に考えさせたい。そして、その行為をしてしまった後に抱えなければならない心苦しさ

を払しょくする正直な心について、十分に考えさせていきたい。

評価のポイント

○ 正直に生きることのよさついて、自分の価値観だけでなく、他の価値観も取り入れたり、自分の心の弱さなどを見つめ直したりしながら、まとめているか。
○ 児童の発言内容やワークシートの記述から学習状況を評価する。

教材名
のりづけされた詩

出典：日文、学研6年

| **A2　正直、誠実** | **主題名　誠実に生きる** |

1　ねらい

誠実に明るく生活するための道徳的判断力と道徳的態度を育てる。

2　教材の概要

学級で詩集をつくることになる。学級の友達から詩が得意だと思われている和枝は、その期待に応えようと詩を考える。しかし、納得のいく作品ができなかったので、つい、見つけた自分の理想の詩を、自分の作品として提出する。その後、ごまかして作品を提出した行為を償うために、学級のみんなの詩集に自分の作品を貼り直す。

3　教材を生かすポイント

○ 和枝の最後の表情について、多くの場合、過ちを悔い改めたことから、晴れ晴れとした表情と考えることが多い。しかし、実際は、なんとも判断のつかない表情を浮かべている。この表情絵をあえて裏返し、児童に「主人公はどんな顔をしているだろう」と問うことで、悔い改めたとしても心に残る不誠実な行為について、じっくり考えさせたい。「悔い改めると明るくなれる」といった、一方的な価値観を前提とした学習は避けたいところである。

4　本授業の展開

学習活動と主な発問等	●指導の手立て　◆板書の工夫
1「誠実」と「不誠実」についての考えを発表する。	●児童が考える「誠実」についての考えや生き方について課題をもつために、「不誠実」と比較する。
誠実に生きるために大切なことは何だろうか？	
2 教材「のりづけされた詩」を読んで、誠実に生きるために大切にしたいことについて話し合う。 **Q1** 和枝はどんな表情をしているでしょうか。 2-1 **Q2** 悔い改めれば明るくなれるのではないでしょうか。 2-3	◆和枝が作品を提出するまでの苦悩や誤った行為をしてしまうまでについて、一枚絵を貼りながら内容を押さえる。 ◆最後の和枝の表情絵を裏返して板書する。 2-2 ●表情について、「悔い改めたことで明るくなれる」「周りの目が気になるから暗い」など異なる価値観を大切にし、さらに考えさせる。
3 誠実に生きるために大切にしたいことについて考える。 **Q1** 誠実に生きるために大切なこととは何ですか。 3	●悔い改めることについての考えは、多様であることを確認し、誠実に生きるために大切ことについてまとめさせる。
4 誠実に生きることのよさと難しさについて教師の話を聞く。	●誠実に生きることの難しさについて、教師自らの話をし、誠実に生きることの価値や意義を共有できるようにする。

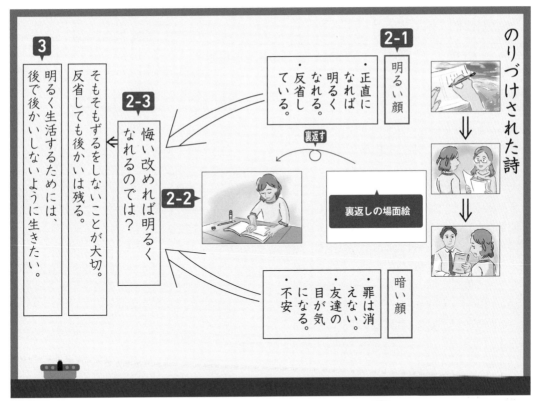

のりづけされた詩

【2-1】明るい顔
・正直になれば明るくなれる。
・反省している。

【3】
明るく生活するためには、後で後かいしないように生きたい。
反省しても後かいは残る。
そもそもずるをしないことが大切。

【2-3】悔い改めれば明るくなれるのでは？

【2-2】裏返しの場面絵
裏返す

暗い顔
・罪は消えない。
・友達の目が気になる。
・不安

3

Q3 では、これまでの学びの中で出された多くの考えを基に、誠実に生きるために大切にしたいことについて、本時の学習を振り返らせながら、ノートにまとめ発表する。

2

Q2 では、悔い改める行為の価値観について、それぞれの考えの背景にある経験や考えを板書したり、話し合ったりしながら、誠実な生き方の多様性について理解する。

1

Q1 では、最後の場面の和枝の表情絵を裏返して板書する。裏返された和枝の表情はどんな表情か考えることで、悔い改める行為についての価値観を浮き彫りにする。

ち教師であることを理解しつつ、高学年の児童の多様な考えを大切にし、その上で、自分はどうなのかを考えさせたい。

準備するもの

○ ワークシート
　　5 –03– 1
○ 場面絵 3 枚
　　5 –03– 2 〜 4
○ 両面に磁石を貼った場面絵
　　5 –03– 5

多様な考えに触れさせる工夫

○ 場面絵を裏返した状態で和枝の表情を考えさせることで、児童が自分の価値観を出すことができる。ごまかしたことを改めると明るくなれると考えがちなのは、実は私た

評価のポイント

○ 誠実に生きるために大切にしたいことについて、自分の価値観だけでなく、他の価値観も取り入れたり、自分の心の弱さなどを見つめ直したりしながら、まとめているか。
○ グループでの話合いやワークシート、学習の振り返りなどから学習状況を見取る。

出典：廣あ、東書、日文、光村

A 3　節度、節制　｜ 主題名　**自分の生活を見直す**

1　ねらい

自分の生活を見直し、節度を守って節制を心掛けようとする実践意欲と態度を育てる。

2　教材の概要

まゆみは友達が流行の洋服を買ってもらう話を聞き、自分も母にねだるがたしなめられる。不満を露わにしながら自分の部屋へ戻ると、弟がまゆみに貸した本を探していた。その本は弟が友達から借りたものだった。弟の「本当はほしかったけど、がまんした」という言葉を聞き、洋服や本が散乱する部屋でまゆみは考え始める。

3　教材を生かすポイント

○ 新しいものが出ると、ほしくなってしまう気持ちは、児童にとっても捉えやすいテーマである。まゆみの心の弱さにしっかりと寄り添わせ、母と弟の言葉を基にして、まゆみが自分の部屋で考えたことを中心に話し合わせる。

○ ねらいである「実践意欲と態度を育てる」に迫るため、自分の生活を振り返る時間を十分に確保し、今後の生活に生かそうとする意欲や態度を育てる。

4　本授業の展開

学習活動と主な発問等	● 指導の手立て　◆ 板書の工夫
1 節度を守れなかった経験について話し合う。	● やりすぎてしまったことを、自由に話し合える雰囲気をつくる。**1**
2 教材「流行おくれ」を読んで話し合う。 **Q1** 雑然とした部屋で一人になったまゆみは、どんなことを考えたでしょうか。	● まゆみの「ほしい」という気持ちや、母に対するいら立ちなども話合いの中の発問で押さえる。 ◆ まゆみを中心に、母、弟の言葉からまゆみが考えたことを、児童の発言を基にまとめていく。**2-1, 2-2** ● まゆみが考えたことをワークシートに書かせる。
自分の生活を見直してみよう。	
3 これまでの自分の生活を見直して、これからの生活について考えたことをワークシートに記入し発表する。	● 教材のような話題に限らず、導入で話した様々な内容に広げる。
4 教師の説話を聞く。	● 導入の経験談を振り返りながら、ゲーテの「豊かさは節度の中にある」という言葉を紹介し、自分の欲に負けずに生活することの大切さについて話す。

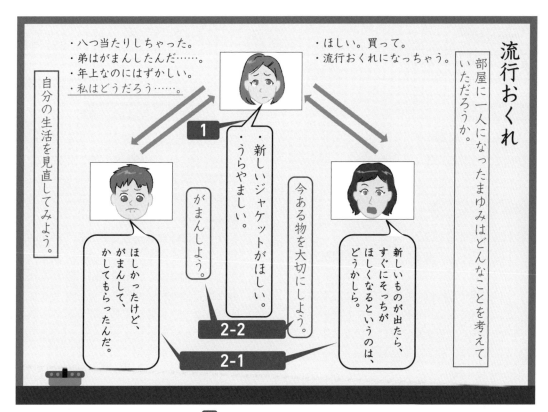

流行おくれ

部屋に一人になったまゆみはどんなことを考えていただろうか。

・ほしい。買って。
・流行おくれになっちゃう。

・八つ当たりしちゃった。
・弟はがまんしたんだ……。
・年上なのにはずかしい。
・私はどうだろう……。

1

・新しいジャケットがほしい。
・うらやましい。

自分の生活を見直してみよう。

今ある物を大切にしよう。

がまんしよう。

ほしかったけど、がまんして、かしてもらったんだ。

2-2

2-1

新しいものが出たら、すぐにそっちがほしくなるというのは、どうかしら。

3

Q1 の話合いで児童から出た意見を、大きくまとめて書く。その際、母と弟それぞれの言葉から考えたことを関係付けて書く。

1

まゆみの絵を黒板の中央に貼り、まゆみの気持ちに十分自我関与させる。

2

母と弟の言葉を吹き出しを使って貼付する。母や弟の視点に立って、まゆみへの思いを考えることもできる。

るために、あえて展開の初めに主発問を取り入れたい。共通理解が必要なことがある場合には、補助発問をする。

準備するもの・作り方

○ ワークシート
　 5 -04- 1
○ まゆみ、母、弟の顔の絵
　🔾 5 -04- 2 ～ 4
○ 母と弟の言葉の吹き出し
　🔾 5 -04- 5 、6

板書を生かして盛り上げる工夫

○ まゆみが気になった母と弟の言葉をポイントにして、構造的にまゆみの気持ち（児童の発言）をまとめていく。
○ 教材の価値を深める話合いの時間を確保す

評価のポイント

○ 展開部分の2でワークシートに自分の考えを記入させた後、なるほどと思った友達の意見を赤や青等で付け加えられるよう、予め児童に伝えておく。児童が多面的・多角的に考え、視野を広げているか、評価時のヒントにする。
○ まゆみの「ほしい」という弱い気持ちに十分に共感させて発表させることで、自分事として捉えているか。

教材名

日本の「まんがの神さま」

出典：学研

| A 4 | 個性の伸長 | 主題名 | 自分のもつよさ |

1 ねらい

自分の特徴に気付くことから長所を知り、自分のよさを積極的に伸ばそうとする態度を育てる。

2 教材の概要

手塚治虫（本名「治」）は小さい頃、いじめられっ子であった。しかし、家にあった漫画をきっかけに、いじめられっ子を脱出する。さらに、治がかいた漫画はクラスでも大人気になる。その才能を友達や学校の先生にも認められて自信をもち、漫画をかき続け、才能を伸ばしていく。

3 教材を生かすポイント

○ 手塚治虫の漫画「鉄腕アトム」や「ジャングル大帝」などを動画や書籍で用意し、日本のアニメ文化の生みの親であり「まんがの神様」であることを紹介することで関心を高める。

○ 自分の個性は他者から指摘されて気付いたり、実感したりすることも多い。構成的グループエンカウンターを事前に取り入れ、新たな自分の特徴や長所に気付かせる体験を行うことは、長所を伸ばそうとする意欲につなげる効果が大きい。

4 本授業の展開

学習活動と主な発問等	●指導の手立て ◆板書の工夫
1 手塚治虫の漫画に触れ、手塚治虫の人物像を捉える。	● 手塚治虫の作品を、動画や図書室にある書籍などで提示する。
2 教材「日本の『まんがの神さま』」を読んで話し合う。	
どうして「まんがの神さま」になれたのだろう。	
Q1 治はどんな気持ちで漫画をかいていたでしょうか。 **Q2** 先生の思いがけない言葉を聞いた治はどんな気持ちになったでしょうか。 **2-2**	● 治がいじめられている状況やそのときの気持ちをはじめに捉えさせる。 **2-1** ◆ いじめを受けて自信をなくしているところから、自分のよさや得意なことを見つけて自信を取り戻すまでの治の気持ちを心情曲線で表す。
3 自分の特徴や長所について考える。 **2-3**	● 自分がこれからも伸ばしたいことをワークシートに記入させる。
4 事前に、友達が自分の特徴や長所について書いてくれたワークシートを読む。	● 自分では気付かなかった特徴や長所について知り、よいところをさらに伸ばそうとする意欲をもたせる。

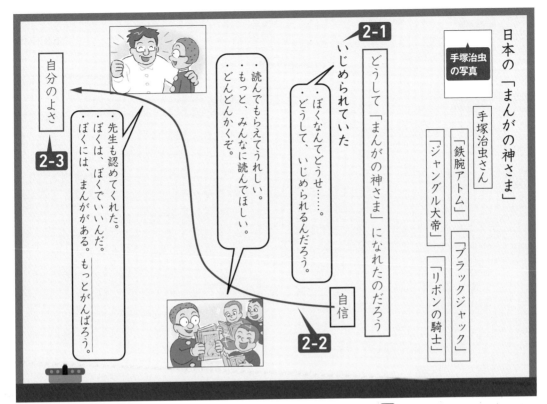

3

Q2 について話し合った後、「自分のよさ」という言葉を貼付し、児童自身のよさや好きなこと、得意なことについて考え、自分事として捉えられるようにする。

2

Q1 では、かいた漫画が人気になったときの治の気持ちをまとめた後、いじめられていたときと比べて自信をもてていることに気付かせ、児童と対話しながら心情曲線に表していく。

1

Q1 の前に、治がいじめられていたことを押さえ、そのときの治の気持ちに十分自我関与させる。吹き出しの中に児童の発言をまとめていく。

準備するもの・作り方

○ 手塚治虫の作品の動画、イラスト、書籍
○ ワークシート
　🔘 5 –05– 1
○ 場面絵
　🔘 5 –05– 2 、3

板書を生かして盛り上げる工夫

○ いじめによって自信をなくしていたところから友達や先生に漫画が認められたことで自信をもつことができた気持ちの流れを、心情曲線や矢印を使って分かりやすく示す。

評価のポイント

○ ワークシートを活用し、自分自身を見つめる時間を確保することで、教材の内容を自分事として捉え、考えを深めているか。
○ 終末では、身近な友達から自分では気付かないよさや長所を教えてもらうことで、さらに自信をもち、よいところを伸ばそうとする意欲をもっているか。

5年

教材名
感動したこと、それがぼくの作品―パブロ・ピカソ―

| A4　　個性の伸長 | 主題名　自分の特徴を見つめて |

1　ねらい

自分の長所を知り、よりよく伸ばそうとする心情を育てる。

2　教材の概要

幼い頃から絵をかくのが大好きだったパブロ・ピカソは美術学校に入学し、努力と才能が認められ宮廷画家になることを勧められるが、「人にかかされる絵はいやだ」と断る。パリに移り住んだピカソは猛烈に絵をかき続ける。目まぐるしく変化するピカソの絵に非難の声もあったが、「ぼくにとって、感動したこと、それが作品だ」と生涯にわたって作品をかき続けた。

3　教材を生かすポイント

○ 教科書に掲載されている作品をカラーで掲示し、作風の変化を感じさせることで、好きなことを続け、自分にしか表現できない作品を生み出したピカソのすばらしさを感じられるようにする。

○「私はこんなにすごい人間にはなれない」という感想をもって終わることのないように、児童の自己肯定感を高める展開にしていきたい。そのために、自分のよさに改めて気付いたり、自分のよさを貫いてみようという気持ちをもったりすることができるような話合い活動を行う。

4　本授業の展開

学習活動と主な発問等	●指導の手立て　◆板書の工夫
1 自分の得意なことやよさについてワークシートに書く。	● 好きなことや得意なことについて短時間でワークシートに記入させる。
2 教材を読んで話し合う。 **Q1**「人にかかされる絵はもういやだ」と言ったときはどんな気持ちだったでしょう。 **Q2** どんな思いで「ぼくにとって、感動したこと、それが作品なんだ」と言ったのでしょうか。	● ピカソの気持ちを中心に話し合う。 2-1 ◆「絵をかくことが好きだ」という一貫したピカソの意思を確認できるよう、中央に矢印で示す。 2-2 ● 非難を受けても自分の意思を貫いたピカソに気付かせるようにする。 2-3
改めて自分のよさについて考えよう。	
3 導入で記入したワークシートをグループで交換し、自分のよさについて友達に記入してもらう。	● 新たに書き足すことや、すでに本人が書いたことに対して同意のコメントを書いてもよいことを伝える。
4 友達が書き足してくれたワークシートを見ながら振り返りを記入する。	● 児童が前向きな気持ちになって学習を終えられるよう余韻をもたせる。

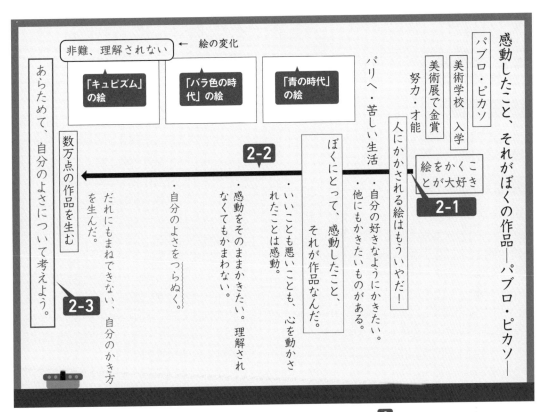

感動したこと、それがぼくの作品―パブロ・ピカソ―

パブロ・ピカソ

美術学校　入学

美術展で金賞

努力・才能

人にかかされる絵はもういやだ！

絵をかくことが大好き

2-1

パリへ・苦しい生活

・自分の好きなようにかきたい。
・他にもかきたいものがある。

ぼくにとって、感動したこと、それが作品なんだ。

・いいことも悪いことも、心を動かされたことは感動。
・感動をそのままかきたい。理解されなくてもかまわない。

2-2

・自分のよさをつらぬく。

数万点の作品を生む

だれにもまねできない、自分のかき方を生んだ。

絵の変化 →

非難、理解されない

「キュビズム」の絵

「バラ色の時代」の絵

「青の時代」の絵

あらためて、自分のよさについて考えよう。

2-3

3

児童が自分のよさについて目を向けられるよう、ピカソの矢印の先にテーマを書き、自分にも大切にしたいよさがあることに気付かせていく。

2

ピカソのどんどん変化する絵を掲示し、自分の描きたいものを心のままに表現した様子を視覚的に理解できるようにする。

1

絵をかくことが好きだという意思を矢印で貫く。「苦しい生活」や「非難」というところで、矢印を貫いてよいか児童と考えながら、矢印を徐々に伸ばしていく。

準備するもの・作り方

○ ワークシート
　💿 5-06-1
○ 教科書に掲載されているピカソの作品

板書を生かして盛り上げる工夫

○ 年表のように、中央には生涯変わらなかった意思を矢印で表し、その上には出来事を、下には児童の考えたピカソの心情を書いて分かりやすくする。
○ ピカソの絵の変化を掲示し、自分にしかかけないものを生み出したことに気付かせる。

評価のポイント

○ 自分のよさを貫き通すピカソの生き方を学んだ後、自分のよさについて改めて考えることで、自分事として捉え直しているか。
○ 友達に自分のよいところを書いてもらうことで、多面的・多角的に自分のよさに気付いているか。
○ ワークシートに書かれた自分のよさを見つめる学習を振り返ることで、自分のよさを伸ばしていきたいと思っているか。

5年 教材名 イチロー選手のグローブ

出典：廣あ

A5 希望と勇気、努力と強い意志　｜　主題名 一つ一つの積み重ねの向こうに

1 ねらい

より高い目標に向かって希望と勇気をもち、くじけずに努力しようとする心情を育てる。

2 教材の概要

日本が誇るメジャーリーガー、イチロー選手のグローブ作りを名人から引き継ぐことになった岸本耕作さん。岸本さんは何度受け取ってもらえなくても、最高のグローブを作ることに必死で取り組む。そして翌年、ついにイチロー選手は岸本さんのグローブを使い続け、ゴールドグラブ賞を受賞する。岸本さんの胸には熱いものがこみ上げるのであった。

3 教材を生かすポイント

○ イチロー選手の活躍はよく知られており、憧れをもつ児童は多い。導入においてイチロー選手の野球に対する姿勢を紹介したりプレーする映像を視聴したりすることなども、夢や目標に向かって努力することへの意識付けになる。

○ 一流の選手を支えるグローブ職人の夢や目標に対する強い思い、またそれに応えるイチロー選手の強い思いに胸を熱くする職人の姿に触れることは、希望をもつことの大切さや困難を乗り越える人間の強さについて考えるのに効果的である。

4 本授業の展開

学習活動と主な発問等	●指導の手立て　◆板書の工夫
1 イチロー選手の活躍の様子を視聴し、本時の学習に興味をもつ。	● イチロー選手の映像を視聴させ、超一流の選手であることを知らせる。
2 教材「イチロー選手のグローブ」を読んで話し合う。	● イチロー選手と岸本さんの写真を黒板に貼り、条件、状況を確認する。 **2-1**
夢や目標をかなえるためにはどんな思いが必要なのだろう。	
Q1 イチロー選手のグローブ作りを名人から引き継ぐことになった岸本さんはどんな気持ちだったでしょうか。 **Q2** 岸本さんを支えた思いとはどんなものでしょうか。 **2-3** **Q3** 岸本さんの胸にこみ上げた熱いものとはどんなものでしょうか。 **2-4**	● グローブを作る喜びと誇り、何度も失敗する落胆と焦りに共感させる。 **2-2** ● あきらめなかった岸本さんを支えた思いを、少人数のグループで話し合う。 ◆ 役割演技をさせ、イチロー選手と岸本さんの両方の思いを並べて板書し、互いの強い思いの共通点を実感させる。
3 自分自身の夢や目標を叶えるためにはどんな思いをもちたいかを考える。	● ワークシートに自分自身のこれからについて考えたことを記入させる。
4 岸本さんの言葉を聞く。	● イチロー選手の引退についての岸本さんの言葉を紹介する。

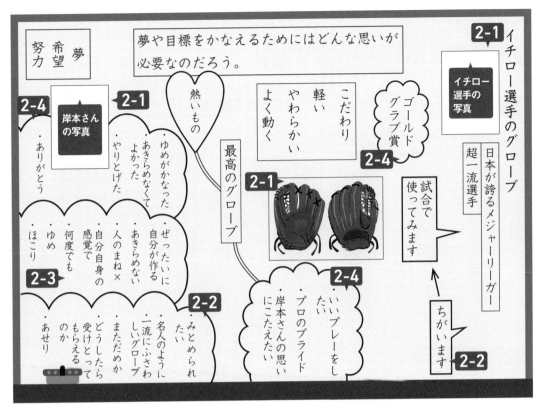

2

Q2 では少人数で話し合うことによって、何度断られても自分が絶対にイチロー選手のグローブを作り上げるんだという強い思いに支えられている岸本さんの行動を見つめる。

1

Q1 では、岸本さんの最高のグローブ作りへの強い思いを感じさせるため、中央にグローブの絵を貼り、両脇にイチロー選手と岸本さんの写真を貼る。

3

Q3 ではイチロー選手と岸本さんのそれぞれの思いを役割演技で語らせ、グローブの絵を挟んで板書することで、グローブを通してつながる2人の心を感じることができる。

困難もあることを理解することができる。

準備するもの

○ イチロー選手の映像
○ ワークシート
　　💿 5 -07- 1
○ 岸本さんとイチロー選手の写真
○ グローブの絵
　　💿 5 -07- 2

ICT の活用

○ イチロー選手の活躍の様子を映像資料で見ることで、児童の胸に憧れを抱かせることができる。また、超一流選手のグローブを作ることは職人にとって最高の夢であり、

評価のポイント

○ 少人数のグループで、岸本さんを支えた思いを話し合うことで、自分の考えを広げているか。
○ 役割演技を通して、岸本さんの夢はイチロー選手の夢にもつながっていることに気付き、自分自身も夢を叶える努力をしたいと考えているか。
○ 岸本さんの夢に向かってくじけずに努力する姿から、自分自身の夢の実現に向けて前向きに努力を続けようとする心情をワークシートに記述しているか。

5年

教材名

ヘレンとともに―アニー・サリバン―

出典：廣あ、日文

A5 希望と勇気、努力と強い意志 **主題名** 困難を乗りこえて

1 ねらい

より高い目標を目指し、希望と勇気をもって困難を乗り越えようとする心情を育てる。

2 教材の概要

アニー・サリバンは、一時失明した経験から「目の不自由な人たちのために役立ちたい」という決意を胸に家庭教師となる。そして、目、耳、口の三つが不自由な子供ヘレン・ケラーの家庭教師として、一緒に生活しながらヘレンを導いていく。

3 教材を生かすポイント

○ より高い目標に向かってくじけず努力したアニーやヘレンの生き方に憧れ、感銘を受けることができる教材である。導入では、その感動を生かして先人から学ぶ姿勢をもって授業に臨みたい。

○ ハートカードやワークシートを書く時間を確保したい。そのため、中心発問や自分を見つめる場面を重点にして話し合う必要がある。学級の実態に合わせて役割演技を取り入れるようにする。

4 本授業の展開

学習活動と主な発問等	●指導の手立て　◆板書の工夫
1 ヘレン・ケラーの紹介を聞いて、どんなことを感じたか感想をもつ。	● ヘレンの写真からどんな人物か想像させた後、身体が不自由なことを伝える。
2 教材「ヘレンとともに」を読んで話し合う。	● 読み聞かせでは、間をしっかり取って、「アニーは、よく考えた末に……」とつなげるようにする。
困難を乗りこえるためのひけつを探ろう。	
Q1 ヘレンの家庭教師になってほしいと言われたアニーは、どんなことを考えたでしょう。 **2-1** **Q2** 困難を乗り越えたアニーを支えたものは何でしょう。 **Q3** 大きくうなずいて、ヘレンをしっかり抱きしめたアニーはどんな思いだったでしょう。 **2-4**	● **Q2** では、自分の考えが分かってもらえず陰口を言われたときの思いを押さえてから発問する。 **2-2** ◆ 全体での話合いでは、ハートカードの内容を整理しながら短い言葉で秘訣を板書していく。 **2-3** ● ペープサートを使い、ヘレンを抱きしめたアニーの立場で役割演技をすることで、希望をもつ大切さを考えさせる。 ◆ 一人一人が見つけた秘訣についてさらに話し合い、板書する。
3 今までの自分を見つめながら、本時の振り返りをワークシートに書く。	
4 困難を乗り越えた児童の作文を紹介する。	● 困難を乗り越えた過程や目標を達成したときの充実感について、身近な児童の体験を紹介する。

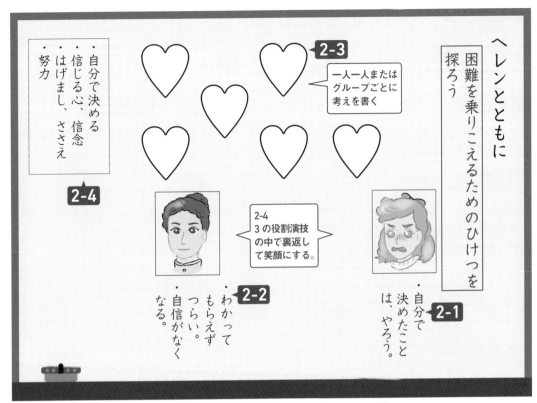

ヘレンとともに

困難を乗りこえるためのひけつを探ろう

2-1 自分で決めたことは、やろう。

2-2 わかってもらえず、つらい。・自信がなくなる。

2-4 3の役割演技の中で裏返して笑顔にする。

2-3 一人一人またはグループごとに考えを書く

2-4 ・自分で決める・信じる心、信念・はげまし、ささえ・努力

---

3 Q3 では、役割演技をする中で、アニーとヘレンの絵を裏返して表情を笑顔に変化させることで、困難を達成した充実感を捉えられるようにする。

2 Q2 では、ハートカードをアニーとヘレンの顔の周りに配置する。多様な児童の意見を教師が整理しながら話し合うようにする。

1 Q1 では、ヘレンの絵は残して配置し、アニーの絵を児童に持たせて発言させることで、困難に直面した場面の自我関与を促す。

することで、達成感を味わった体験を想起しながら今までの自分を見つめる。

準備するもの

○ ワークシート
　💿 5 –08– 1
○ ハートカード（磁石付き）
　💿 5 –08– 2
○ 登場人物の絵、ペープサートで使用する絵
　💿 5 –08– 3 、4

板書を生かして盛り上げる工夫

○ ハートカードは、見やすいように大きめに印刷して用意をしておく。書き終わったら児童に貼りに来るように指示する。
○ アニーとヘレンの絵を裏返し、笑顔を掲示

評価のポイント

○ ハートカードを活用しながら小グループで話し合う中で、多様な秘訣を引き出したい。時間内に書けないグループ（個人）に積極的に支援をして、書くことが目的にならないように留意する。
○ 児童自身が今まで困難に直面した場面や、それを乗り越えたときの気持ちを想起しながら、登場人物に自我関与させる。
○ ハートカードやワークシートの記述、発言の中で評価していく。

5年

教材名

帰ってきた、はやぶさ

出典：光文

A6　真理の探究 ｜ 主題名　**よりよい未来を創る**

1　ねらい

よりよい未来のため、真理を大切にし物事を探究しようとする実践意欲や態度を育てる。

2　教材の概要

国中均教授は、探査機「はやぶさ」の開発者である。他人の技術の真似をするのではなく、独自なものを創り出したいという思いから、数々の失敗を繰り返し、はやぶさを完成させた。はやぶさが60億kmの旅を続け、エンジンの故障にもかかわらず、天体上の粒子を地球に持ち帰ることができたのは、未知なるものへの探究に深い情熱を傾けた彼らの働きからだった。

3　教材を生かすポイント

○ 教材を読んで、よりよい未来を創るために進んで新たなものを求めることや、工夫することの大切さを交流する。

○「エジソン」「ライト兄弟」「豊田佐吉」「松下幸之助」「本田宗一郎」等を提示し、彼らに共通する思いや、その生き方を考える。

○ 失敗を重ね、途中で嫌になることや、やめたいと思ったことはなかったのかという、「人間の弱さ」についても交流し、すばらしい業績を残した人でも、迷いや不安があり、それを乗り越えての偉業であることについて考えさせたい。

4　本授業の展開

学習活動と主な発問等	● 指導の手立て　◆ 板書の工夫
1 国中教授と探査機「はやぶさ」の写真を見て、知っていることを話し合う。**1**	● 新しいものを求めて未来を創ってきた人であることを押さえる。
よりよい未来を創るために、できることは何だろう。	
2 教材「帰ってきた、はやぶさ」を読んで話し合う。 **Q1** 国中教授の生き方について、どんな感想をもちましたか。**2-1** **Q2** 国中教授には、あきらめや嫌になる気持ちはなかったのでしょうか。**2-2** **Q3** 国中教授の言葉は、人々にどんな思いを伝えているでしょう。**2-3** **3** これまでの自分を振り返り、よりよい未来を創るために大切なことを話し合う。**3**	● 感じたことを自由に発言させ、その発言から国中教授の姿勢の特徴的な点に触れ、課題を確認することができるようにする。 ◆ 途中で嫌になることや、やめたいと思ったことはなかったのかと問い、すばらしい業績を残した人でも、迷いや不安など、人間的な弱さがあるのではないかということに触れて板書する。 ● 国中教授の心の根底にある思いや考えについて交流させる。
4 本時の学びで、これからの自分の生活場面に生かしていきたいことをワークシートに書き、発表する。	● これからの自分に生かしていきたいことを書いたり、発表したりすることで、よりよい自分の具体的な行動について考えることができるようにする。

板書

よりよい未来を創るために、大切なことを考えよう

1
国中均教授　はやぶさの開発者
探査機「はやぶさ」六十億キロの旅
帰ってきた、はやぶさ

「はやぶさ」の写真

国中均教授の写真

2-1 国中教授の生き方
・失敗しても決してあきらめない
・独自のものを創り出したい
・なぞを解明したい
・よりよいものを求めている
・行動力と粘り強さ

2-3 国中教授の言葉
・未来は自分の手で
・未来は決まっていないもの
・工夫する探究心が大切
・好奇心をもち続けてほしい

2-2 人間の弱さ
・大変だ
・つらい
・失敗ばかり
・もうやめたい

3 よりよい未来を創るために
・疑問に思ったことを追究していきたい。
・生活をよりよくしたいという思いを大切にする。

1
教材を読んで、国中教授の生き方について考えたこと、感じたことなどを自由に発言させ、交流する。その発言から本時の課題を確認することで、児童の課題意識を高めることができるようにする。

2
偉業の裏にはたくさんの失敗があり、途中で嫌になることや、やめたいと思ったことはなかったのかと問い、どんな人でも人間的な弱さがあるのではないかということに触れて板書する。

3
国中教授の心の根底にある思いや考えについて交流することで、未知なるものへの探究心に突き動かされた国中教授の言葉が社会に何を伝えているのか、多面的に捉えることができるようにする。

準備するもの

○ 探査機「はやぶさ」の写真
○ 国中教授の写真
○ ワークシート
　　　8 -09- 1

板書を生かして盛り上げる工夫

○ 「人間の弱さ」と「国中教授の言葉が伝えるもの」を対比させて板書することで、人間の弱さを乗り越えて目標を達成させた国中教授の生き方について考えることができるようにする。

評価のポイント

○ 国中教授の思いや考えについて交流することで、未知なるものへの探究心に突き動かされたことを踏まえ、探究する心について多面的・多角的に考えているか。
○ 自分はこれまでに、何かを知りたいという思いで物事をやり遂げたことがあったか、自分を見つめて考えているか。
○ よりよい生活を求めて探究することの意義を考え、進んで新しいものを求め、真理を大切に未来を創ろうとする意欲をもち、自分にできることを具体的に考えているか。

5年

教材名

くずれ落ちただんボール箱

出典：学研、廣あ、東書、日文

| B1 | 親切、思いやり | 主題名 相手の立場に立って |

1 ねらい

見返りがなくても行う親切の意義について理解し、相手の立場に立って考えていこうとする心情を育てる。

2 教材の概要

買い物に出かけた「わたし」と友子の目の前でおばあさんが連れている男の子が段ボール箱を落としてしまう。困っているおばあさんを見て、2人は代わりに段ボール箱を片付けると申し出るが、店の人には「遊び場ではない」と叱られてしまう。後日、学校宛に店員からの謝罪と感謝の手紙が届く。

3 教材を生かすポイント

○ おばあさんの立場に立ち、行動したにもかかわらず、店員に叱られ、やりきれない気持ちの「わたし」と友子の気持ちに自我関与させる。その上で「叱られたのではやった意味がない」という考えを引き出していきたい。

○ 店員からの手紙により、「やった甲斐があった」との児童の思いと前述の「意味がない」という発言とを結び付け、「この手紙がなかったら2人のやったことは意味がないのか」ということを考えさせていく。改めて親切についての考えを深めたい。

4 本授業の展開

学習活動と主な発問等	● 指導の手立て　◆ 板書の工夫
1 親切にするのはなぜかや、親切にするとどんな気持ちになるのかを考え、本時の学習内容を捉える。 **1**	● 親切にすることに意味について考え、ワークシートに記載させる。「褒められるから」「いい人に思われたいから」など他律的な理由を板書しておく。
親切って何のためにするのだろう。	
2 教材「くずれ落ちただんボール箱」を読んで話し合う。 **Q1** 困っているおばあさんを見た「わたし」たちはどう思ったでしょうか。 **2-1** **Q2** 店員に叱られた「わたし」たちはどんなことを考えたでしょうか。 **2-2** **Q3** 手紙が来なかったら、「わたし」たちのやったことは意味がなかったのでしょうか。 **2-3**	● 挿絵を提示しながら範読をする。 ● おばあさんが困っている様子を押さえ、力になりたいと考えた2人の気持ちに共感させる。 ● 2人のやるせない気持ちに目を向け、「意味がない」という思いを引き出す。 ◆ 手紙が来たときと来なかったときの気持ちを対比させて板書し、中心発問につなげる。
3 親切についての導入と同じ問いを再度考える。考えたことを共有し、話し合うことで親切についての考えを深める。	◆ 親切にすることの意味を再度考え、ワークシートに書かせる。導入時との対比により、今日の学びを明確にする。
4 見返りのない親切についての教師の話を聞く。	● 教師が公共の場等で見た事例を話す。

くずれ落ちただんボール箱

1 親切にする とは？と…
・相手が助かる → うれしい
・自分もほめられる
・いい人だと思われる
・自分もいい気持ちになる

親切って何のためにするのだろう

2-1

○大変そう
・おばあさんはお年寄りだし…
・男の子…小さいし
○手伝いたい

○あぶない
○みんなひどい
○二人ならすぐに直せる
○私たちがやるしかない

2-2

○やらなきゃよかった
○ひどい
○せっかくやったのに…
○腹が立つ

○やった意味がない
○おばあさんに本当のこと言ってもらいたい
○おばあさんにとっては意味があったかも…

3 親切にする とは？と…
・自分も相手もうれしい 周りの人は？
・うれしい人もいる
・自分の心がすっきり ＝ 達成感、やった感
・相手のことを考えてやったこと → やったこと自体に意味がある

2-3-1

2-3-2 手紙なし
・よかった ← → よくない
・わかってもらえた ← → わかっても
・やっと… → 今も…
・意味があった ← → 意味がない？

2-3-3
・おばあさんたちは助かった
・おばあさんのためにやった
・自分たちがやったことは人を思ってやった →よいことをした

ほめられる＜ 相手を思って行動すること

1
親切にすることによって、人から褒められたり、いい人だと思われたりするといった周りからの称賛があると、親切をしてよかったと思う気持ちがあることを押さえておく。

2
主人公等の心情の変化が分かるように、教材に関わる三つの問いに対する板書を上から並べて整理する。問題場面がはっきりするように、場面絵等の提示をし、自我関与しやすくする。

3
導入と対比する形で板書を構成する。ここでは、周りからの称賛にかかわらず、相手の立場に立って行ったこと自体に価値があるという学びを明確にしていく。

「意味がない」という考えを引き出し、本時の中心発問へとつなげる議論へと結び付けたい。

準備するもの・作り方

○ ワークシート
　　5-10-1
○ 掲示用場面絵2枚
　　5-10-2、3
○ 掲示用封筒
　　5-10-4

板書を生かして盛り上げる工夫

○ 対比を効果的に使い、児童の学びを促進したい。特に2-3では、誤解が解けた、褒められたから「意味があった」という考えから、手紙が来なかったら状況が打開できず

評価のポイント

○ 称賛の有無にかかわらず行う親切の意義について考えているか。
○ 親切についての自分の考えの変化（変化がなかった際も含め）を自分自身で感じているか。
○ 授業の開始時と終了時に記載したワークシートの内容から評価をする。

教材名
バスと赤ちゃん

出典：廣あ、光文

| B1 | 親切、思いやり | 主題名 誰に対しても思いやりをもって |

1 ねらい

誰に対しても思いやりをもって接していこうとする態度を育てる。

2 教材の概要

雪の降り出しそうなとても寒い日のバス。車内は暖房が効いている上、満員で大混雑していた。その中で、赤ちゃんが泣き出してしまう。母親は、目的地ではないが降りると言い出す。運転手は、乗客に向けて「赤ちゃんは泣くのが仕事です」と言って、母親が乗車し続けられるように話をする。乗客からは拍手が湧き、車内は温かな雰囲気に包まれる。

3 教材を生かすポイント

○ 暑く混雑する車内では、ただでさえ誰もが苛立つ気持ちをもつものである。赤ちゃんの泣き声に降りてほしいと思っていた乗客は必ずいる。しかし、母親と赤ちゃんを思う運転手の言葉を聞き、我が身を振り返り、受け止めようと思っただろう。乗客が感じたであろうこの心を感じ取らせるために、泣き叫ぶ赤ちゃんを迷惑と感じた乗客の気持ちをしっかり押さえていきたい。

○ 反省的に終わるのではなく、「思いやり」によるよりよい気持ちを感じ取らせ、態度化へつなげるために役割演技を活用する。

4 本授業の展開

学習活動と主な発問等	● 指導の手立て　◆ 板書の工夫
1 思いやりとはどのようなことなのかを考え、本時の学習内容を捉える。**1**	● 思いやりとは「どんなときに」「誰に対して」行うものなのかといった児童の捉えをはっきりとさせておく。
思いやりについて考えてみよう。	
2 教材「バスと赤ちゃん」を読んで話し合う。 **Q1** 赤ちゃんの泣き声が響くバスの中で、乗客は何を思ったのでしょうか。**2-2** **Q2** 運転手の言葉を聞き、拍手をしながら乗客は何を考えたでしょうか。**2-3** **Q3** 再び走り出したバスの中の様子を、役割演技してみましょう。	◆ 範読後にバスの中の状況を整理し、一枚絵を黒板の中心に提示する。**2-1** ● 混雑し、暑いバスの中での泣き声に苛立つ乗客の気持ちを感じ取らせる。 ● 母親の気持ちを考えていなかったことに気付いた乗客の気持ちを押さえる。 ● 母親の気持ちを受け止め、行動することのよさを感じ取らせていく。 ◆ 思いやりのある行動（役割演技）から伝わった気持ちを板書にまとめる。
3 学習を通し、思いやりについて考えたことをまとめる。**3**	● 思いやりについて授業を通して考えたことをワークシートに記述させる。
4 見知らぬ人からの思いやりについての話を聞く。	● 新聞記事等の中から、公共の場における他人同士の思いやりの話をする。

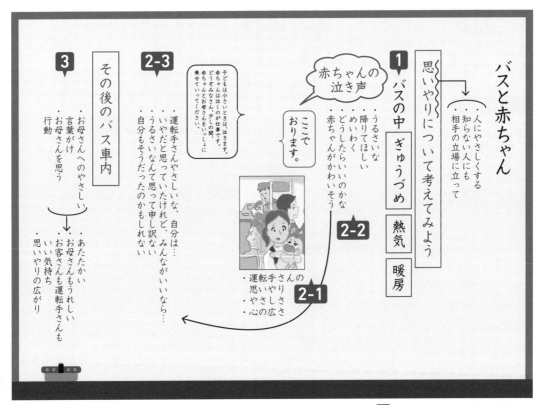

バスと赤ちゃん

思いやりについて考えてみよう
→ ・人にやさしくする
・知らない人にも
・相手の立場に立って

1 バスの中
ぎゅうづめ　熱気　暖房

赤ちゃんの泣き声
・うるさいな
・降りてほしい
・めいわく
・どうしたらいいのかな
・赤ちゃんがかわいそう

ここでおります。

2-2
2-1
・運転手さんの思いやり
・やさしさ
・心の広さ

2-3
・運転手さんやさしいな、自分は…
・いやだと思っていたけれど、みんながいいなら…
・うるさいなんて思って申し訳ない
・自分もそうだったのかもしれない

子どもは小さいときは、泣きます。赤ちゃんは泣くのが仕事です。どうぞみなさん、少しの間、赤ちゃんとお母さんをいっしょに乗せていってください。

3 その後のバス車内
・お母さんへのやさしい言葉がけ
・お母さんを思う行動
↓
・あたたかい言葉がけ
・お母さんもうれしい
・お客さんも運転手さんもいい気持ち
・思いやりの広がり

3
運転手の言葉を聞いた後の車内の様子を演技させる。乗客の思いやりのある行動を考えさせ、その姿からどんな気持ちが伝わったかをまとめ、思いやりの意味について考えさせる。

2
一枚絵を中心に、右側には嫌悪感も含めた乗客の気持ちをまとめる。左側には、母親と運転手の言葉も提示し、それを聞き、我が身を省み、母親を受け止めようとする乗客の思いをまとめていく。

1
冬のバスの暑さと熱気、大混雑に赤ちゃんの泣き声という状況をしっかりと押さえ、赤ちゃんに好意的でない乗客も描かれた場面絵を提示し、板書を構成していく。

感的であった児童を母親役にする。また、2-3で運転手の言葉を聞き、自分も温かな気持ちで接したいという気持ちをもった児童を乗客役にすることが大切である。

準備するもの・作り方

○ ワークシート
　💿 5-11-1
○ 一枚絵
　💿 5-11-2
○ 母親の言葉を書いた掲示資料
　💿 5-11-3
○ 運転手の言葉を書いた掲示資料
　💿 5-11-4

役割演技を効果的に行う工夫

○ 思いやりの心をより実感的に捉えさせるために役割演技を活用する。2-2で母親に共

評価のポイント

○ 自分だけでなく、他者の立場に立ち、思いやりについて考えているか。
○ 思いやりについて考えたことを基に、自分自身を振り返り、自分との関わりで考えているか。
○ 役割演技後の話合いやワークシートの記載内容の思いやりについての捉えや自己の振り返りの様子を評価する。

悲願の金メダル―上野由岐子―

教材名

出典：教出

B2　感謝　　主題名　**支えられている私**

1　ねらい

　自分を支えてくれている人々の存在に気付き、感謝の気持ちをもって生活していこうとする心情を育てる。

2　教材の概要

　2008年北京オリンピックにて日本を優勝に導いた立役者である女子ソフトボールの上野由岐子選手の話である。家族やチームの仲間に支えられ、様々な困難を乗り越えていく。オリンピックでの決勝戦では何度もピンチを迎えるが、チームメイトの励ましとこれまで支えてきてくれた人が脳裏に浮ぶ中で投げ抜き、金メダルを獲得する。

3　教材を生かすポイント

○ 表彰台で、出場できなかった先輩の作ったお守りを下げていたことに着目させる。上野選手の頑張りには支えてくれた人々への感謝の気持ちがあることに気付かせていく。さらに、そこから、誰に支えられていたかを考えさせていく。

○ 上野選手と同様に自分も多くの人に支えられていることを、ワークシートを基に考えさせていく。多くの人の支えがあり、今の自分が生きていることを知ることで、感謝の気持ちへとつなげていきたい。

4　本授業の展開

学習活動と主な発問等	●指導の手立て　◆板書の工夫
1 上野選手について知る。	●北京オリンピックで日本ソフトボール界初の金メダル獲得の立役者であったこと等を伝える。**1**
2 教材「悲願の金メダル」を読んで話し合う。 **Q1** 表彰台でお守りを下げていたのはなぜでしょうか。**2-1**	●ソフトボールのルールについて説明をしながら範読する。 ●自分だけで取った金メダルではなく、そこにたどり着くまでの感謝の気持ちの表れであったことを考えさせる。
上野選手を支えていた人はどんな人たちだっただろう。	
Q2「みんなで勝ち取った金メダル」の「みんな」とは誰のことなのでしょう。**2-2** **3** 今の自分を支えてくれている人にはどんな人がいるかを考える。	◆上野選手を頂点にした板書をし、多くの人の支えがあっての今であることを理解できるようにする。 ●ワークシートを活用し、自分のこれまでを振り返り、どんな人に支えられていたか考えさせ、それを見て考えたことをまとめさせる。
4 教師の話を聞く。	●児童が支えられているだけではなく、実は誰かを支えている役割も担っている日常の姿を提示する。

悲願の金メダル

1 金メダルとお守りを下げている上野選手の写真

金メダルとお守り!? ◀ **2-1**

・先輩の気持ちを大切にしたいから
・先輩とずっといっしょに練習してきたから
・いっしょにとった金メダルだから
・自分一人だけの金メダルではないから
　　　　＝
「みんなで勝ち取った金メダル」
　　　　って？

→ 「やったよ」
　　「ありがとう」の気持ち

上野由岐子さん
・ソフトボール選手
　（投手）
・日本代表
・北京オリンピック
　金メダリスト
　　↓
　日本の女子ソフトで初

2-2 上野選手を支えていたのはどんな人たちだったでしょう。

上野選手

看護師／医師／大会をしてくれている方々／コーチ／監督／家族／チームメイト／先輩／友達／応援してくれるファンの人／今までの対戦相手／今までのチームメイト／救急隊の人／学校の先生

◉今の自分を支えてくれている人にはどんな人がいるのでしょう。
・自分もたくさんの人に支えられている
・支えてくれている人に感謝をしたい
・精いっぱい生きたな　　・○○をがんばりたいな

1 金メダルとお守りを下げて微笑む上野選手の写真を掲示する。その上で、「ソフトボール選手」「日本代表」「女子ソフトボール初の金メダル」などの紹介をまとめ、導入を図る。

2 **Q1** では、1で活用した写真のお守りに着目させ、なぜお守りをメダルとともに下げているのかを問い、「自分だけの金メダルではない」ことを引き出し、中心発問へとつなげていく。

3 **Q2** では、上野選手を頂点にし、その下に上野選手がどんな人に支えられていたかを書くことで、より多くの人に支えられての金メダルであったことを視覚的にも理解させていく。

準備するもの・作り方

○ ワークシート
　💿 5-12-1
○ 金メダルとお守りを下げた上野選手の写真

板書を生かして盛り上げる工夫

○ **Q2** では上野選手がどんな人々に支えられていたかを視覚的にも分かる形で板書をしていく。これと同様の形で、自分を支えてくれている人がどんな人かを児童一人一人が考えられるよう、ワークシートの記載を手掛かりにさせていく。

評価のポイント

○ 上野選手を支えた人々は、今関わっている人だけではなく、過去の技術面や体力面、精神面等、いろいろな人であったことに気付いているか。
○ 感謝の気持ちをもちながら、自分を支えてくれている人を考えているか。
○ 発言やワークシートから、支えられている自分を理解しているかを評価する。

5年

教材名

心をつなぐあいさつ

出典：教出

B3 礼儀	主題名 時と場をわきまえて

1 ねらい

時と場をわきまえて、礼儀正しく真心をもっ
て接する実践意欲を育てる。

2 教材の概要

主に三つの場面からできている。朝の挨拶、
病院での挨拶、お客様が学校にいらっしゃった
ときの挨拶である。時と場に応じて、どのよう
な挨拶をすべきなのか、実際に行ってみること
を通して考えていく教材である。

3 教材を生かすポイント

○ 教材には「やってみよう」という欄があ
り、実際にやってみる時間が取られてい
る。しかし、ただ闇雲に行うのではなく、
どういう気持ちで「わたし」は挨拶をした
のか考えさせてから、実際にやってみるこ
とが大切である。

○ 挨拶は誰もが行っていることである。しか
し、高学年になると、行っていなかった
り、声が小さくなっていたりすることも多
い。自分の体験を語れる時間をしっかり確
保することで、内容項目についてしっかり
考える時間を取る。

4 本授業の展開

学習活動と主な発問等	●指導の手立て ◆板書の工夫
1 普段どのような挨拶をしているか話し合う。	● 事前アンケートを取って掲示すると、学級の友達がどう考えているのかが分かりやすい。
2 教材「心をつなぐあいさつ」を読んで、話し合う。	
相手の気持ちを考えた挨拶について考えよう。	
Q1 朝の挨拶、病院での挨拶、お客様に対しての挨拶をそれぞれしてみましょう。 **2-1**	● 指名して全体の前で数人が行った後、ペアやグループで行う。
Q2 挨拶をするとどんな気持ちになったのか話してみましょう。 **2-2**	◆ 場面絵を掲示し、どの場面の挨拶を行っているのか分かりやすくする。
Q3 時や場合に応じて、どんなことに気を付ける必要があるでしょう。 **2-3**	● 時や場をわきまえて、礼儀正しく真心をもって挨拶をする大切さについて話し合う。
3 今までの自分の経験について想起する。	● 自分の経験を書けるよう支援する。
Q4 時や場合に応じた挨拶をしたときのことを思い出してみましょう。	
4 教師の説話を聞く。	● 礼儀に関する教師の価値観を押し付けることなく、自分の体験を語る。

心をつなぐあいさつ

時や場所に応じたあいさつ

朝のあいさつ

 2-1

・ありがとうの気持ち
・大きすぎず小さすぎず
・みんなが笑顔に、元気に
2-2

・大きな声だけじゃない
・気持ちをこめる **2-3**
・相手のことを考える

お客様に対するあいさつ

 **2-1**

・相手が気持ちよく
・よい学校と思ってほしい
・目的地に行けるように
2-2

病院でのあいさつ

 2-1

・治ってほしい気持ち
・寝ている人の気持ちを考える
・元気がめいわくになることもある
2-2

---

1 「朝のあいさつ」の場面絵を貼り、朝「わたし」がどのような気持ちで挨拶をしていたのか話し合う。中央下に、「病院」の場面絵を貼り、同様に話し合う。

3 「時や場所に応じたあいさつ」と書き出し、すべての挨拶の共通点を中心に話し合う。

2 「お客様」の場面絵を貼り、この場面ではどのような挨拶がよいのか話し合う。

準備するもの・作り方

○ ワークシート
　💿 5 –13– 1
○ 場面絵 3 枚
　💿 5 –13– 2 〜 4

板書を生かして盛り上げる工夫

○ どの場面にも共通することがある。最後に、すべてに共通することを黒板中央に書くために、最初の場面での発問は端のほうに書くようにする。

評価のポイント

○ 「わたし」に自我関与しながら考え、時と場に応じて相手に接しようとする心の大切さについて考えているか。
○ スキルトレーニングを通して、時と場に応じた挨拶を相手に対して行おうとしているか。
○ 自分が経験した挨拶について振り返り、これからどのような挨拶をすべきか自分との関わりで考えているか。

教材名 友のしょう像画

出典：学研、廣あ、日文、光村、学図6年、光文6年

B4　友情、信頼　　主題名　**友達の大切さ**

1　ねらい

　友達と互いに信頼し、学び合って友情を深めようとする心情を育てる。

2　教材の概要

　「ぼく」と正一は幼なじみだったが、正一は難病のため地方の療養所に入院する。互いに文通をしていたが、しばらくすると、正一からの手紙が来なくなる。正一の作品があることを知った「ぼく」はデパートに行き、「友のしょう像画」という正一の作品を見る。正一が字も書けないくらい筋肉が衰えていたことを知り、そんな中描いた絵を見て感動する。

3　教材を生かすポイント

○「ぼく」の心の動きを中心に考えさせる。「ぼく」は正一からの手紙が来なくなることで、正一との友情が薄れていっているように感じ、自分も手紙を出さなくなるが、版画を見て友情のすばらしさを感じる。「ぼく」の友情に対する考えの変化から、自分自身の友情に対する思いを考えさせたい。

○正一が難病でありながらも友達のために「友のしょう像画」を一生懸命つくり上げたことを考えさせたい。肖像画から、正一の声が聞こえたような気がした「ぼく」の気持ちにも触れていきたい。

4　本授業の展開

学習活動と主な発問等	●指導の手立て　◆板書の工夫
1 友達とはどんな人なのか話し合う。	●事前アンケートを取って掲示すると、学級の友達がどう考えているのかが分かりやすい。
2 教材「友のしょう像画」を読んで、話し合う。	
<div style="text-align:center">**友達の大切さについて考えよう。**</div>	
Q1 正一から手紙の返事が来なくなったとき、「ぼく」はどんなことを考えたでしょう。 **2-1** **Q2** 友の肖像画を見た「ぼく」はどのようなことを感じたでしょう。 **2-2**	●「『ぼく』はどんな気持ちから手紙を書かなくなったのでしょう」という補助発問も交えて、心配だけでなく苛立ちや不安についても話し合う。 ◆友情についての価値の深まりを、矢印を用いて表現する。
3 今までの自分の友達との関わりについて考える。 **Q3** 友達の大切さを強く感じたときはどんなときですか。そのとき、どんなことを感じましたか。 **2-3**	●正一の深い友情に気付いたり、反省したりする「ぼく」の心情を考えながら話し合う。 ●自分の経験を書けるよう支援する。
4 ワークシートに自分の考えたことを書き込む。	●友情に関する教師の価値を押し付けることなく、個別の納得解を導いて終わる。

友のしょう像画

正一君からの返事が来なくなった **2-1**

友達の大切さを強く感じるとき **2-3**

・けんかした後
・やさしくしてくれたとき

・なんでくれないの？
・ぼくのこと忘れたの？
・病気が悪くなったのかな？
・心配
・手紙くらいくれたっていいじゃないか

・さりげなく手助けしてくれたとき
・はげましてくれたとき

友のしょう像画を見て **2-2**

・うれしい
・ずっと友達だよ
・わすれていなくてうれしい
・また会いたいな
・自分のできることを正一君のためにしよう

1
正一との手紙のやり取りがなくなることで、友情が薄れたと勝手に思っている「ぼく」の気持ちを考える。「なぜ？」と思う気持ちと「怒り」を分けて書く。

3
自分の経験を語りながら、「ぼく」や正一ではなく、自分自身の友情への思いを語っていけるようにする。中心テーマとして最後に黒板中央に書く。

2
「友のしょう像画」を大きく掲示し、この肖像画を初めて見た「ぼく」の気持ちと自分自身を重ね合わせる。最後に矢印を書き、友情の価値への高まりを視覚的に表現する。

準備するもの・作り方

○ ワークシート
　　💿 5-14-1
○ 「ぼく」を切り取った絵
　　💿 5-14-2
○ 「友のしょう像画」の場面絵
　　💿 5-14-3

板書を生かして盛り上げる工夫

○ 矢印を有効に使って、友情の価値についての深まりを表現したい。
○ 「友のしょう像画」を大きく掲示し、感動している「ぼく」の気持ちになって発言させる。

評価のポイント

○ 「友のしょう像画」を見たときの「ぼく」の気持ちを考えることを通して、友情のすばらしさについて考えを述べたり、ワークシートに書いたりしているか。
○ 言葉だけではなく、自分の経験を通して、友達の大切さについて考えを深めているか。

5^年 教材名 友の命

出典：東書

B4　友情、信頼　｜主題名　友達のことを考えて

1　ねらい

互いに信頼し、友情を深め、よりよい人間関係を築いていく心情を育てる。

2　教材の概要

正直者のピシアスが、王様に憎まれて首を斬られることになった。ピシアスが故郷に帰って家族と話したいと思っていることを察したデモンは、自分が身代わりになることで、ピシアスを牢屋から出す。ピシアスが戻ってきたので、その友情のすばらしさに王様はすっかり感心する。

3　教材を生かすポイント

○ 児童が考える「友達」の概念と、この教材のピシアスとデモンの「友達」の感覚は、まったく違うであろう。「2人の友情はすばらしいけれど、自分はできない」とならないよう、登場人物の気持ちをしっかり考える時間を多く取りたい。

○ ピシアスとデモンの役割演技も有効である。2人がどんな気持ちで過ごしていたのか、即興性を用いて心情を表現させる。

4　本授業の展開

学習活動と主な発問等	●指導の手立て　◆板書の工夫
1 友達のよいところを考える。	● よいところを羅列するだけにしながら、価値と向き合えるようにする。
2 教材「友の命」を読んで話し合う。 **友達の大切さについて考えよう。** Q1 デモンはどんな気持ちでピシアスの身代わりになったのでしょう。**2-1** Q2 牢屋から出されたピシアスは何を考えたでしょう。**2-2** Q3 デモンが身代わりになることを聞いて、王様は何を考えたでしょう。**2-3** Q4 戻ってきたピシアスを見たデモンや王様はどんな気持ちになったでしょう。**2-4** **3** 今までの自分の友達との関わりについて考える。 Q5 友達のすばらしさを感じたのはどんなときでしたか。そのとき、どんなことを感じましたか。**2-5**	● デモンやピシアスの心情を考えることで、友を思う気持ちのすばらしさについて話し合う。 ◆ 友情についての価値の深まりや葛藤を、矢印を用いて表現する。 ● 戻ってきたピシアスを見たときの気持ちを考えることで、友を信じる気持ちのすばらしさについて話し合う。 ● 自分の経験を書けるよう支援する。
4 ワークシートに自分の考えたことを書き込む。	● 友情に関する教師の価値を押し付けることなく、個別の納得解を導いて終わる。

友の命

友を信じる気持ちの
すばらしさ

友情　相手を
思う気持ち

もどってきたピシアス

2-5

・ピシアスは
必ず帰ってくると
信じていた　2-4　2-4

・遅れてごめん
・デモン
ありがとう

身代わり　2-1

・ピシアスを家族に会わせたい
・ピシアスは必ず約束を
守る

・素晴らしい
友情だ　2-4

ろうやから出される

・デモンありがとう
・必ず約束を守る
2-2

首切り台のデモンを見て

・ピシアスはもどってこない
・デモンはばかな
やつだ　2-3

1

身代わりになったデモンの
気持ちを書く。後から、ピ
シアスが帰ってきたときの
デモンの気持ちを近くに付
け加える。

3

王様の最初の気持ちと、ピ
シアスが戻ってきたときの
気持ちを書く。中心には、
この話から考えたことを書
く。

2

牢屋から出されるピシアス
の気持ちを書く。後から、
遅れて戻ってきたピシアス
の気持ちを近くに付け加え
る。

準備するもの・作り方

○ ワークシート
　　💿 5 –15– 1
○ 場面絵 3 枚
　　💿 5 –15– 2 ～ 4

板書を生かして盛り上げる工夫

○ すばらしい友情で結ばれているピシアスと
デモンを左右に置き、その友情を疑ってい
る王様を中央下に置く。王様の変化に着目
できる板書にする。
○ 関係性や友情の深さを、矢印を効果的に使
いながら表現する。

評価のポイント

○ ピシアスとデモンのすばらしい友情を通し
て、友情について考えを深めているか。
○ 自分の考えていた「友達」と教材の中の
「友達」との違いや共通点を考えているか。
○ これから、自分の友達とさらに友情を深め
ていこうと考えているか。
○ 発言やワークシートから学習状況を見取り
評価する。

5年 教材名 すれちがい

出典：学研、学図、日文、光村

B5 相互理解、寛容	主題名 相手の立場を考えて

1 ねらい

謙虚な心をもち、広い心で自分と異なる意見や立場を大切にしようとする心情を育てる。

2 教材の概要

ピアノのけいこに一緒に行く約束をしたよし子とえり子だが、急な用事や勝手な思い込み等ですれちがいが生じる。その後、よし子は事情を聞こうともせず、えり子を無視する。えり子は謝っても許さないよし子に不快感をもつ。よし子とえり子がそれぞれ、自己主張ばかりで相手の状況などを聞くこともしなかったため、けんかになってしまう。

3 教材を生かすポイント

- ○ よし子とえり子のそれぞれの勝手な怒りが綴られた日記の形式になっているので、板書を工夫して、時間経過を追いながら、すれちがいの状況を把握させる。
- ○ それぞれの気持ちに共感させながら、互いの足りなかったところを考えさせる。
- ○ 自分の立場だけでなく、相手の状況を考えたり、受け止めたりすることで、よりよい人間関係を築いていくことができるよう本教材を活用する。

4 本授業の展開

学習活動と主な発問等	●指導の手立て ◆板書の工夫
1 アンケートの結果を知る。 **Q1** 友達のことを許せないと思ったことはありますか。 **1**	● 簡単に記述できるようにしておく。 ● アンケートを取り、まとめておく。 ◆ 終末で見られるように取っておく。
相手と分かり合うためにはどうしたらよいでしょうか。	
2 教材「すれちがい」を読んで話し合う。 **Q2** 言い訳を始めたえり子に知らん顔をしたよし子は、心の中でどう思っていたでしょう。 **2-1** **Q3** 言い分も聞いてくれないよし子の顔を見て、えり子はどう思ったでしょう。 **2-2** **Q4** 相手のことを怒っている2人に不足しているのは、どういう心でしょう。 **2-3** **3** 相手を分かり合うためにはどうしたらよいか、自分の考えをまとめる。	◆ 黒板の上段に時系列でよし子の行動を書く。 ● よし子のえり子に対する拒絶の気持ちを共感的に考えるようにする。 ◆ 黒板の下段にえり子の行動を書く。 ● 返事もしないよし子に対するえり子の気持ちを共感的に考えるようにする。 ● お互いの気持ちを理解する広い心が必要なことに気付かせる。 ● ワークシートに書くことで、自己理解を深めることができるようにする。
4 謙虚さと広い心の持ち方について本時の学習を振り返る。	◆ 板書に残る児童の発言からキーワードをまとめて示す。

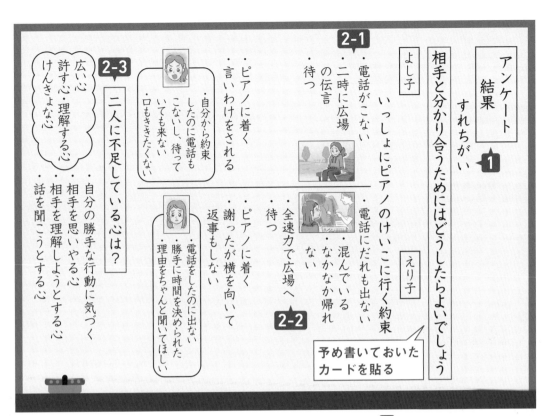

板書部分（右から左へ縦書き）：

アンケート結果

すれちがい ①

相手と分かり合うためにはどうしたらよいでしょう

2-1

よし子

- 電話がこない
- 二時に広場の伝言
- 待つ

いっしょにピアノのけいこに行く約束

・電話にだれも出ない
・混んでいる
・なかなか帰れない

えり子

- 全速力で広場へ
- 待つ

2-2

予め書いておいたカードを貼る

2-3

・広い心
・許す心・理解する心
・けんきょな心

二人に不足している心は？

・自分の勝手な行動に気づく
・相手を思いやる心
・相手を理解しようとする心
・話を聞こうとする心

・自分から約束したのに電話もこないし、待っていても来ない
・口もききたくない

・ピアノに着く
・言いわけをされる

・ピアノに着く
・謝ったが横を向いて
・返事もしない

・電話をしたのに出ない
・勝手に時間を決められた
・理由をちゃんと聞いてほしい

---

③

Q4 では、2人に足りなかった心は何だったのかを考えさせ、発言を板書する。問い返し、深めさせながら、「広い心」「許す心」「理解する心」「謙虚な心」などをまとめて書く。

②

Q3 で、下段にえり子の状況をよし子に合わせて書く。買い物で並んでいる挿絵を貼り、そのときの気持ちを板書する。謝ろうとしているえり子の顔の絵を貼り、気持ちを書く。

①

Q2 で、よし子の状況が分かるように時系列で書く。広場で待っている挿絵を貼り、そのときの気持ちを板書する。知らん顔をしているよし子の顔の絵を貼り、気持ちを書く。

すためには、自分の非を認める謙虚な心と、相手を認める広い心が必要なことに気付いているか。

○ ワークシートに「相手と分かり合うためにはどうしたらよいか」を自分の今までの経験を振り返りながら書いているか。

○ 友達の意見や発表を聞きながら、自分の思いや考えを確認したり、広げたりしているか。

○ ワークシートへの記述や発言の内容等から評価する。

準備するもの・作り方

○ ワークシート
　💿 5−16−1
○ 場面絵4点
　💿 5−16−2〜5

板書を生かして盛り上げる工夫

○ よし子とえり子の状況を上下2段にして、時系列に合わせて板書することで、互いの自己主張が分かるようにする。

評価のポイント

○ お互いに相手の気持ちや立場を理解し、許

右側のタブ：

B

主として人との関わりに関すること

5年 教材名 名医、順庵

出典：東書

B5 相互理解、寛容 　主題名 広い心で

1 ねらい

広い心で相手の立場や気持ちを受け入れ、相手を大切に考えようとする態度を育てる。

2 教材の概要

昔、九州のある町に松永順庵という医者が住んでいた。医術に優れ、人柄も立派なので、名医だと評判で、弟子になって学びたい若者が集まっていた。ある日、勉強熱心で働き者の弟子の孝吉は病気の母のために薬を盗んでしまう。順庵は孝吉の過ちを一方的に叱責するのではなく、心の内を静かに聞き、病床の母への思いを知って過ちを許す。

3 教材を生かすポイント

○「広い心とはどんな心なのか」というアンケートを取っておく。導入で児童の「広い心」に対するイメージを共有する。

○ 順庵の人柄のすばらしさを、孝吉の立場に立って話を聞き、過ちを許しているところや、孝吉の悩みに気付いてやれなかったことを反省しているところから感じることができるように、具体的に板書で示す。

○ 順庵の姿から、相手の立場に立って考え受け入れることや、謙虚な心をもつことの大切さについて学び、自らを振り返り、向上したいという意欲をもたせる。

4 本授業の展開

学習活動と主な発問等	● 指導の手立て　◆ 板書の工夫
1「広い心」について考える。**1**	●「広い心」のイメージを共有する。 ● 過去の経験を想起させる。 ◆ 終末で見られるように取っておく。
広い心をもつために大事なことは何だろう。	
2 教材「名医、順庵」を読んで話し合う。 　**Q1** 心に残ったところはどこですか。また、それはなぜですか。 　**Q2** 順庵が、幸吉が母の看病に行くことを許したのは、どういう思いからでしょう。**2-1** 　**Q3** 順庵のように「広い心」をもった人とは、どんな人でしょうか。**2-2** **3**「広い心」について考えたことを書く。**3**	● どういうことが「広い心」なのかを考えながら読むようにさせる。 ● 自分との関わりで考えさせる。 ◆ 孝吉の状況や気持ちを書く。 ● 孝吉を許す順庵の気持ちを考えることで、相手の立場を考え、過ちも受け止める「広い心」に気付かせる。 ◆ 順庵の思いをまとめて書く。 ● 3〜4人組で話し合い、交流することで多面的・多角的に考えさせる。 ● ワークシートに書くことで自己理解を深めることができるようにする。
4 教師の話を聞いて「広い心」についてまとめる。	◆ 謙虚さと広い心の持ち方について、教師の経験を話す。

1

広い心……やさしい・おこらない・ゆるす・助ける・手伝う・待つ……

名医、順庵

広い心をもつために大事なことは何だろう

見つかった
大声
犯人

母が病気
だまって家に帰るつもり
ぬすむ

とても高価
母を治したい

2-1

話を聞く
事情を知り同情、にんじんを渡す
母への思いを知り、許す
自分にも責任がある
わかってやれずつらい思いをさせた

2-2 **3**

広い心

理解する
思いやる
自分のこととして考える
許す心

B
主として人との関わりに関すること

3

Q3 では、「広い心」をもった人について話し合ったことを板書する。ワークシートに書いた「広い心」についての考えを発表させ、導入時の考えと比較する。

2

Q2 では、孝吉の話を聞いて考える順庵の気持ちが分かるように場面絵を貼る。児童の発言はまとめて板書する。

1

Q1 の発言を基に、孝吉の立場や状況が児童に理解しやすいように場面絵を貼り、気持ちを板書する。

準備するもの・作り方

○ ワークシート
　　💿 5-17-1
○ 場面絵4点
　　💿 5-17-2～5

板書を生かして盛り上げる工夫

○ 孝吉と順庵の立場、状況、思いが分かるように書く。
○「広い心」のイメージが授業の導入時と終末時とで比較できるようにする。

評価のポイント

○ 孝吉と順庵のそれぞれの立場や状況を理解し、自我関与することで、過ちをも許すことができる「広い心」に気付いているか。
○「広い心」をもつために大事なことについて気付いたり、考えたりしたことを、自分の今までの経験を振り返りながらワークシートに書いているか。
○ 友達の意見や発表を聞きながら、自分の思いや考えを確認したり、広げたりしているか。

お客様

出典：学研、光村

C 1　規則の尊重　　主題名　「権利」と「義務」

1　ねらい

　自他の権利を大切にし、自己の義務を果たそうとする心情を育てる。

2　教材の概要

　遊園地のキャラクターショーが始まろうとしている。徐々に混み始めたため、安全面を考慮して係員が注意を促すが、「わたし」も含めて多くが快く思っていない。子供を肩車し始めた男性は、係員の注意に対して「お金を払っているから見る権利がある」と主張する。それに同調する声も聞かれ、係員は謝罪する。その様子に「わたし」は「何か、変だ」と考え始める。

3　教材を生かすポイント

○ 観客全員がショーを楽しむ権利をもっている。自分の権利だけを主張する三者の気持ちを考えさせることを通して、人間理解を深めさせる。

○ 男性が客としての権利を主張し、周囲の人たちが同調した場面で、係員は謝罪する。主人公の「わたし」はそのとき「何か、変だ」と考える。何が変なのかを多面的に考えさせることを通して、価値理解を深めさせる。

4　本授業の展開

学習活動と主な発問等	●指導の手立て　◆板書の工夫
1「権利」「義務」という言葉のイメージについて話し合う。	● 相互指名で考えを伝え合わせる。
「権利」と「義務」について考えよう。	
2 教材「お客様」を読んで話し合う。 **Q1** 子供を肩車し始めた男の人、「そうだ、そうだと」と同調した人たち、「わたし」には、それぞれどのような権利があったでしょうか。三者になりきって、それぞれの権利を主張しましょう。**2-1** **Q2**「何か、変だ」と思った「わたし」は、どんなことを考えたでしょうか。**2-2** **3** 本時の授業やこれまでの経験を振り返り、改めて「権利」と「義務」について考える。**3**	● BGMを流し、楽しい雰囲気を演出する。 ◆ 三者それぞれの主張（権利）を整理しながら板書する。 ● 三者には共通して、ショーを楽しむ権利があることを押さえる。 ●「わたし」に起きた心情の変化を押さえる。 ◆ 様々な考えを分類して板書し、多面的に捉えられるようにする。 ● 教材を通して学習した道徳的価値を基に、自己の生き方について考えさせた後、意図的指名により全体で交流させる。
4 教師の説話を聞く。	● 権利ばかりを主張した結果失敗し、義務を果たすことの大切さを実感した経験について語る。

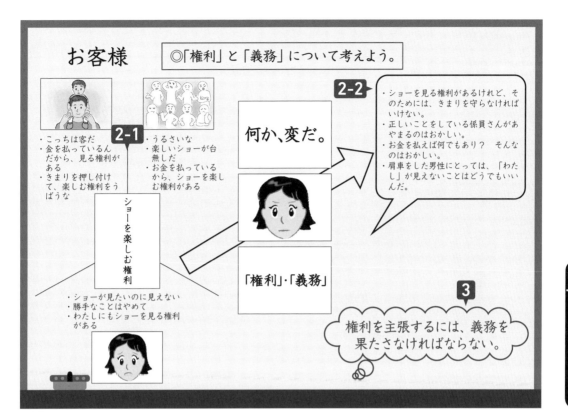

C 主として集団や社会との関わりに関すること

1

Q1 では、三者のイラストを掲示し、各々の権利を主張させる。三者に共通して、ショーを楽しむ権利があることを捉えさせるために、中央に短冊を貼る。

2

Q2 では、短冊と「わたし」のイラストを掲示する。ペアを変えながら複数回ペアトークを行わせる。Q1の「わたし」とQ2を矢印で結び、「わたし」の考えが変容したことを捉えさせる。

3

3では、短冊を貼り、本時の学習やこれまでの経験を振り返って考えさせたことを板書する。

準備するもの・作り方

○ ワークシート
　💿 5-18-1
○ オルゴール調の陽気な BGM
○ 登場人物のイラスト4点
　💿 5-18-3〜5、7
○ 短冊3点
　💿 5-18-2、6、8

板書を生かして盛り上げる工夫

○ Q1では、黒板を三つに分け、顔のイラストと共に三者の権利を板書する。

○ Q2では、「わたし」の考えが「そうだ、そうだ」と同調した側から変わったことを矢印で示し、視覚的に捉えやすくする。

評価のポイント

○ 自己の権利を正しく主張するとともに、自己の義務を果たさなければ社会は維持できないことについて、考えを深めているか。

○ 自分との関わりで「権利」と「義務」について振り返って考えているか。

○ 視点1については、中心発問のペアトークの発言内容を座席表に記入しながら、学習状況を見取る。視点2については、学習活動3で記入させたワークシートの記述内容から学習状況を見取る。

教材名
ぼくは伴走者

出典：廣あ

C1　規則の尊重　　主題名　きまりは何のために

1　ねらい

きまりの意義を理解し、進んで守ろうとする態度を育てる。

2　教材の概要

足が不自由なため、車椅子で生活しているひろしが、女子マラソンの選手に触発され、マラソン大会車椅子の部に出場する。小さい頃からの友達である「ぼく」は、伴走者を引き受ける。レース本番、ひろしは急激な坂道で前に進めなくなる。伴走者として役割を果たすか、友達の夢を実現させるため見守るか……ひろしの必死な姿に「ぼく」は迷ってしまう。

3　教材を生かすポイント

○ 伴走者としての役割を考えさせることを通して、道徳的価値の理解を深めさせる。

○ 友達としての思いについても触れさせ、多面的に考えさせることで、他者理解を深めさせる。

○ 伴走者としての役割を果たし、ひろしを介助すべきか。あるいは、ひろしの夢を実現させるために見守るべきか。自分だったらどうするかを考えさせることを通して、道徳的価値の自覚を図らせる。

4　本授業の展開

学習活動と主な発問等	●指導の手立て　◆板書の工夫
1 アンデルセン選手の映像を視聴し、助けるか否かを考える。	● 最初は映像だけを見せて考えさせ、次に手助けをしたら失格になるというきまりがあることを伝えた上で考えさせる。
きまりは何のためにあるのだろう。	
2 教材「ぼくは伴走者」を読んで話し合う。 **Q1** 係の人から、伴走者としての注意を受けた「ぼく」は、どんなことを考えたでしょう。 **2-1** **Q2** 「自分の力だけで完走したいんだ」と強い口調で言われた「ぼく」は、どんなことを考えたでしょうか。 **2-2** **Q3** 周りで応援しているあなたは、どうすべきか迷ってしまった伴走者である「ぼく」に、どんな声かけをしますか。 **2-3** **3** きまりの意義とこれからの自己の生き方について考える。	● 伴走者としての役割を捉えさせる。 ● ひろしの状況を捉えさせる。 ● 「ぼく」がどんな気持ちで伴走者を引き受けたかを、補助的に問う。 ● 自分の考えを2色のカードを用いて表させ、同じ考えの相手と交流させてから、自分と異なる考えの相手と交流させる。 ◆ 意見を対比的に分類しながら板書する。 ● 教材を通して学習した道徳的価値を基に、自己の生き方について考えさせる。
4 教師の説話を聞く。	● 「きまりがなかったら、どうなってしまうか」と投げかけ、余韻をもたせる。

板書

ぼくは伴走者　　| きまりは何のためにあるのだろう。 |

伴走者として

手を貸す

・ひろしに何かあったら困る
・何かあったらすぐに手を貸すというきまりを守って
・きまりは、人々が安全に安心して過ごすためにあるんだよ

手を貸さない

・ひろしは必死に自分と戦っている
・ひろしの可能性を信じよう
・伴走者としてではなく、友達としてひろしの夢を応援したい

2-3

まよい

・「ぼく」は、ひろしの安全を守るためにここにいる
・絶対にひろしに無理をさせない
・何かあったときには、すぐに手を貸そう

2-1

伴走

・ひろしの夢を応援したい
・だけど、ぼくは伴走者
・どうしたらいいんだろう

2-2

C
主として集団や社会との関わりに関すること

1

Q1 では、「ぼく」に注意事項を話す係員の場面絵を掲示し、相互指名させながら、伴走者としての役割を捉えさせる。

3

Q3 では、短冊と色カードを貼り、自分の立場を明確にさせた上で、まず自分と同じ考えの相手と、次に自分と異なる考えの相手と交流させ、考えを対比的に分類しながら板書する。

2

Q2 では、必死にこらえるひろしの場面絵を掲示しながら、ひろしの状況を捉えさせる。その後、相互指名させながら、「ぼく」の迷いを捉えさせる。

準備するもの・作り方

○ ロス五輪時のアンデルセン選手の動画
○ ワークシート
　💿 5 –19– 1
○ 赤と青のカード（児童数分）
　💿 5 –19– 2 、3
○ イラスト 3 点
　💿 5 –19– 4 ～ 6

板書を生かして盛り上げる工夫

○「ぼく」の後ろ姿のイラストを掲示し、走り出そうとしている姿を演出する。
○「ぼく」の心の迷いを捉えやすくするため

に、意見を対比的に分類しながら板書する。

評価のポイント

○ 社会生活上のきまりや基本的なマナーの意義、よさについて、考えを深めているか。
○ きまりの意義を考えると同時に、本時の学習で学んだ道徳的価値を基に、今後の自己の生き方について考えているか。
○ 視点1については、中心発問のペアトークの発言内容を座席表に記入しながら、学習状況を見取る。視点2については、学習活動3で記入させたワークシートの記述内容から学習状況を見取る。

5年

教材名
マリアン・アンダーソン

出典：学図

C2　公正、公平、社会正義 ｜ **主題名** 差別を乗り越えて

1　ねらい

　誰に対しても差別をすることなく接し、正義の実現に努めようとする態度を育てる。

2　教材の概要

　全世界にその美しい歌声を届けたアメリカの黒人アーティスト、マリアン・アンダーソン。彼女は学生時代、音楽学校に応募したところ、肌の色を理由に門前払いを受ける。マリアンはその悔しさを忘れず、黒人としての誇りをもって個人レッスンを続ける。その後歌のコンクールで次々と優勝し、その歌声は、次第に白人も黒人も関係なく、聞く人の心をとらえていく。

3　教材を生かすポイント

○ 本授業の道徳的価値は、未だに根深い社会問題となっている人種差別など、人権に関する諸課題に深く関わる。当時の黒人への人種差別について、その事実や時代背景を十分に押さえた上で、学習テーマについて考えることが重要である。
○ 差別を受けた人の立場に加え、相手に差別意識を感じている人の立場についても考える場面を設定したい。誰に対しても差別をすることなく接することの難しさと、それを乗り越え正義の実現に努める必要性に気付くことができるような工夫が必要である。

4　本授業の展開

学習活動と主な発問等	●指導の手立て　◆板書の工夫
1 本教材の登場人物、マリアン・アンダーソンについて知る。	●人物の写真とともに実際の歌声を流し、経歴や人物像を押さえる。
2 教材「マリアン・アンダーソン」を読み、話し合う。　**2-1**	◆当時の人種差別について分かる写真等を提示し、時代背景について整理する。
差別をせず、誰でも公平に接するために必要なことについて考えよう。	
Q1 音楽学校で門前払いを受けたとき、マリアンはどんな気持ちだったでしょうか。	●マリアンへの態度が黒人への差別につながっていることを確認する。
Q2 周囲の冷たい目を受けても歌手になるための勉強を続けたマリアンを支えるものは、何だったのでしょう。　**2-2**	◆児童の発言の中から、価値に迫る共通するキーワードを板書し、多角的に考えを深めさせる。
Q3 マリアンの歌を聞いた人たちは、マリアンに対してどんな思いをもっていたのでしょうか。　**2-3**	◆マリアンの歌声が差別意識を感じていた人の思いを変えたことを、マリアンの思いと関連付けながら板書する。
3 差別をせず誰にでも平等に接するために必要なことについて考える。	●マリアンの生き方から、誰にでも公平に接するために必要なことについて気が付いたことをワークシートに書く。
4 教師の説話を聞く。	●正義の実現に努めることの難しさと大切さに目を向けられるようにする。

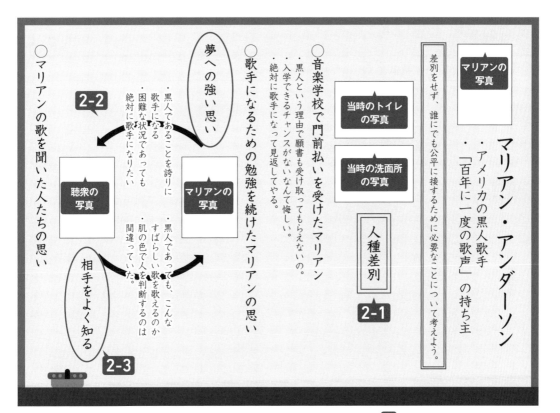

3

Q3 では、マリアンの思い
と聴衆の思いを関連付けな
がら板書する。マリアンの
強い思いが歌を通して聴衆
に伝わったのは、直接関
わったことがきっかけに
なったことを押さえる。

2

Q2 では、ワークシートに
書いた考えを基に全体で交
流する。共通する考えや
キーワードとなる言葉を強
調しながら板書し、学習
テーマについて考える活動
につなげられるようにする。

1

当時の黒人に対する人種差
別について分かる写真を提
示してから、教材を読む。
当時の時代背景を捉え、黒
人にとって不公平な扱いを
長年受けてきたことを実感
できるようにする。

準備するもの・作り方

○ ワークシート
　💿 5 –20- 1
○ マリアンの写真
○ 黒人への人種差別の様子が分かる写真

板書を生かして盛り上げる工夫

○ 中心発問について全体で話し合う場面で
　は、児童の発言の内容から共通している部
　分をキーワードとして板書する。一人一人
　の発言と関連付けることで、多角的に学習
　テーマについて考えを深めていくことがで
　きるようにする。

評価のポイント

○ 友達との対話活動を通して、差別や偏見と
　どう向き合えばいいか考えているか。
○ 先入観なく相手をよく知ろうと努力するこ
　とが、誰に対しても差別をすることなく接
　し、正義の実現につながることを多面的に
　考えているか。
○ 全体の話合い活動の内容や、中心発問、学
　習テーマに対するワークシートの記述を基
　に評価を行う。

5年

教材名
転校生がやってきた

出典：東書

C2　公正、公平、社会正義　主題名　**真っすぐな心**

1　ねらい

　誰に対しても公正・公平な態度で接し、正義の実現に努めようとする判断力を育てる。

2　教材の概要

　9月になって間もなく、仲間外れにされたり、無視をされたり、靴隠しにあったりといじめを受けることになった「ぼく」。そのときに「ぼく」を支えてくれたのが転校生の勇馬であり、学級のみんなにいじめをしてはいけないことを話した。勇馬の話をきっかけに、それまで黙っていた学級のみんなも正義の実現に向けて声を出し合い、「ぼく」も元気を取り戻していく。

3　教材を生かすポイント

○ 本授業の道徳的価値は、現代の大きな社会問題となっているいじめの問題や、社会における人権に関する諸課題に深く関わる。児童が主体的に道徳的価値への自覚を深めることができるよう、問題解決的な学習過程に則った授業を展開したい。

○ より広い視野で多面的に考えを深めていくことができるよう、小グループで意見交流する活動を設定する。対話活動に当たっては「思考ツール」（出た考えを整理・再構成し、まとめるためのツール）を活用し、思考の流れを可視化できるようにする。

4　本授業の展開

学習活動と主な発問等	●指導の手立て　◆板書の工夫
1　事前アンケートの結果を基に、本時で学習する価値について知る。**1**	● 自分自身が今、正義の実現に向けて行動できているかについて振り返らせる。
「正義の実現に努める」ために、大切なこととは何だろうか。	
2　教材「転校生がやってきた」を読み、話し合う。 　**Q1**　勇馬が「ぼく」に声をかけたとき、なぜ教室が静まり返ったのでしょう。 　**Q2**　勇馬がいじめについて学級のみんなに話しかけたのは、どんな気持ちからだったのでしょう。**2** **3**　勇馬の行動を自分事に置き換えて考える。 　**Q3**　みんなは勇馬と同じように判断し行動することができるでしょうか。 **4**　テーマに対する考えを導き出す。 　**Q4**　正義の実現に努めるために大切なこととは何でしょうか。**4**	● 勇馬の言葉によって学級全体の雰囲気が変わり、正しいことを「正しい」と言える、いじめを許さない学級になったことを押さえる。 ● 思考ツール（KJ法）を活用して小グループによる意見交流を行い、多様な感じ方・考え方に十分触れるようにする。 ● 黒板の前に輪になって座り、自分の考えを話しやすい雰囲気をつくる。 ◆ 児童の発言の中から、価値に迫るキーワードを関連付けながら板書し、多面的に考えを深めさせる。
4　教師の説話を聞く。	● 正義の実現に努めることの大切さに目を向けられるようにする。

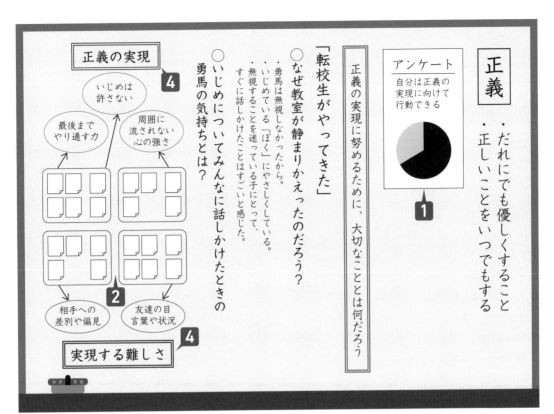

正義
・だれにでも優しくすること
・正しいことをいつでもする

アンケート
自分は正義の実現に向けて行動できる

1

正義の実現に努めるために、大切なこととは何だろう

「転校生がやってきた」

○なぜ教室が静まりかえったのだろう？
・勇馬は無視しなかったから。
・いじめている「ぼく」にやさしくしている。
・無視することを迷っている子にとって、すぐに話しかけたことはすごいと感じた。

○いじめについてみんなに話しかけたときの勇馬の気持ちとは？

正義の実現

4

いじめは許さない

最後までやり通す力 / 周囲に流されない心の強さ

2

相手への差別や偏見 / 友達の目言葉や状況

4

実現する難しさ

3

Q4 では、板書上で児童の考えを関連付け、周囲の雰囲気や意見に流されてしまう人間の弱さ、それを乗り越えるため「真っすぐな心」をもち、正しく判断することの大切さに気付かせる。

2

Q2 では、グループごとに付箋を活用して出た考えを整理・再構成し、まとめながら考えを深めていく。全体で話し合う際には用紙を貼るとともに、児童を黒板の前に座らせて進める。

1

導入で事前に行ったアンケートの結果を提示し、「正義の実現」に努めることは大切だと考えていても、実際に行動に移すことは難しいことを捉え、学習テーマを設定できるようにする。

準備するもの・作り方

○ ワークシート
　🖸 5−21−1
○ 事前アンケートの結果（円グラフにまとめて提示する）

板書を生かして盛り上げる工夫

○ 中心発問について全体で話し合う場面では、グループごとの話合いで活用された思考ツールの中から共通している部分を、キーワードとして板書する。一人一人の発言と関連付けることで、多角的に価値を深めていくことができるようにする。

評価のポイント

○ 友達との対話活動を通して、いじめに対して自己の正義に則り行動した勇馬の思いについて自分の考えを深めているか。
○ 誰に対しても公正、公平な態度で接し、正義の実現に努めようとする判断しているか。
○ グループごとの話合い活動の内容や、中心発問、学習テーマに対するワークシートの記述を基に評価を行う。

5年 | 教材名 明日へ向かって

出典：光文

C3　勤労、公共の精神 | 主題名　ささえ合う心

1　ねらい

社会に奉仕することでの手応えを感じ取り、公共のために役立つことをしようとする実践意欲を育てる。

2　教材の概要

東日本大震災の際に、自主的にボランティアを行った中学生についての実話である。自らも被災しているにもかかわらず、避難している住民の不便な生活を向上させ、不安を取り除くために献身的に働いた。また、求められる支援の変遷を知ることで、ボランティアの意義についても考えることができる。

3　教材を生かすポイント

- 東日本大震災以降、震災について扱っている教材が多くある。本教材とはまた違った視点で、震災における心の動きを考えられる教材と複数時間で扱うことで、より実践意欲が高まると考える。
- 芸能人で募金やボランティアをしている人の悩みや、ボランティア団体が起こしているトラブルの実態についても紹介し、する側とされる側の関係に迫る方法もある。
- 校区内でボランティアとして活動している方を紹介し、被災地に限らず身近にもあることを知るのも効果的である。

4　本授業の展開

学習活動と主な発問等	●指導の手立て　◆板書の工夫
1「東日本大震災」について共有し、教材への意識付けをする。	● 写真などを利用して、地震に伴う津波の被害と、全国からたくさんのボランティアが集まったことに気付かせる。**1**
2 教材「明日へ向かって」を読んで話し合う。	● 前半を範読し、中学生の思いや行動から学習を設定する。
ボランティアで大切にするべきことは何だろう。	
Q1 ホワイトボードのメッセージから、中学生たちはどんなことを思ったでしょうか。**2-1** **Q2** なぜ避難所でのボランティア活動を続けられたのでしょうか。**2-2** **Q1** 教材文の「求められる支援のうつり変わり」から感じたことは何ですか。	● 自分たちの活動が認められた中学生に自我関与し、ボランティアのやりがいに気付かせる。 ● 地域住民のために活動する中学生の自主性に着目させる。 ● 緊急期と復興期の違いから、必要な支援が変わることを考えさせる。 ◆ 時期とボランティア内容を比較して、様々な支援を提示する。
3 ボランティアの在り方について、今日の学習から考えたことをまとめる。**3**	● 決意表明にならないように留意する。
4 行政やNPOなどの具体的な活動に触れ、適切な方法を知る。	● むやみな活動はトラブルになる可能性があることを示唆する。

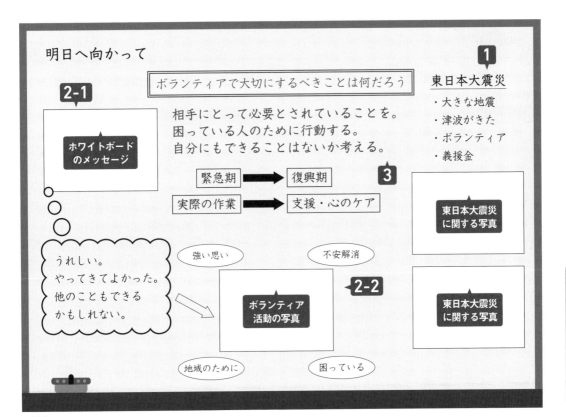

1

Q1 では、ホワイトボードのコメント部分を貼り、中学生の気持ちになって考えやすくする。その思いと行動を矢印を使い、関連させる。

3

Q3 では、時期や相手の状況によって、ボランティア内容が変わっていくことに気付かせ、その違いを比較しながらまとめさせていく。

2

Q2 では、中学生がボランティア活動をしている写真を提示し、その周りにキーワードを貼っていくことで、多様な思いで活動していることを表現する。

ンティアを続ける中学生に投影しやすくした。

準備するもの・作り方

○ 東日本大震災に関する写真
○ ワークシート
　　💿 5-22-1
○ 楕円形の短冊（数枚）
　　💿 5-22-2

板書を生かして盛り上げる工夫

○ 東日本大震災については、導入で提示した動画の場面写真や、教材には載っていない写真等を使用することで、震災の規模や被害の様子が理解しやすくなる。
○ 吹き出し短冊を用いて、児童の考えがボラ

評価のポイント

○ ボランティア活動を続けた中学生の思いを考えることで、ボランティアにおける社会性や自主性に気付いているか。
○ テーマについて考える際に、社会の役に立つために自分にできることを考えているか。
○ ワークシートなどから学習状況を見取り、評価する。

5年

教材名
お父さんは救急救命士

出典：東書

C3　勤労、公共の精神　主題名　生命を救う仕事

1　ねらい

　働くことの大切さや意義を理解し、公共のために役立つことをしようとする心情を育てる。

2　教材の概要

　主人公の父は救急救命士として勤務している。ある休日、家族で出かけた海で、溺れた男の子の命を助けた。救急救命士として、真剣に命を救おうとしている父の姿を目の当たりにし、人の役に立つ仕事に感銘を受ける。主人公は、自分もみんなのために働く救急救命士になりたいという夢をもつ。

3　教材を生かすポイント

○ 高学年のこの時期は、校内でも委員会活動などの仕事が始まり、働くことへの意識が身近に感じられる。また、具体的な職業を夢にもつようにもなり、働こうとする意欲を引き立てられる。

○ 本教材では、普段触れることのない父親の働く姿に感銘を受け、主人公も同じ夢をもつことから、児童自身が家族の仕事に対して考えるきっかけとなる。また、働くことは、社会だけでなく家族のためになっていることに気付き、改めて感謝の気持ちをもてるようになる。

4　本授業の展開

学習活動と主な発問等	●指導の手立て　◆板書の工夫
1「救急救命士」という仕事について、知っていることを発表する。**1**	●写真や映像などで具体的な提示をし、毎日の訓練の必要性について知らせる。
2 教材「お父さんは救急救命士」を読んで話し合う。	●教材の感想から学習課題を設定する。
どんな思いで、仕事をしているのだろう。	
Q1 お父さんはどのような気持ちで男の子を助けたのでしょう。**2-1** **Q2** 額に汗が光るお父さんを見て、「わたし」はどんな思いをもったでしょう。**2-2** **Q3** 救急救命士として、「わたし」はどんな思いで仕事に向き合っていくのでしょう。**2-3** **3** 将来就こうと考えている仕事に対する姿勢を発表する。	●非番であっても、仕事に対する信念をもっている父親の思いを共感的に考えさせる。 ●父親に対する憧れと、少年の命の両側面から考えることで、多様に考えさせる。 ◆中心発問を中心に据え、テーマに返りやすいように構造化する。 ●将来の夢（職業）を事前に書かせておき、救急救命士としての「わたし」の信念から、社会や人の役に立ちたいという意識をもてるようにする。
4 教師の説話を聞く。	●授業者の「教師」という仕事に対する誇りを伝え、働くことへの意欲を促す。

お父さんは救急救命士

救急救命士 → **1**

どんな思いで、仕事をしているのだろう。

夢

・救急車に乗っている人
・命を救う人
・日々訓練している人

2-3

・真剣に、懸命に働きたい。
・人のために役立ちたい。
・社会のためになる行動をしたい。

仕事・職業

・助かってくれ
・自分の力で
　どうにかしたい
・生きるんだ

・父のような救急救命士になりたい
・人の役に立つ仕事がしたい

・偉大なお父さんだ
・救急救命士は
　すごい仕事だ
・少年が助かってほしい

2-1

お父さん

わたし

2-2

1

Q1 では、場面絵を使うことで、お父さんの気持ちを想起させやすくした。役割演技で、より考えやすくすることもできる。

3

Q3 は、**Q1** と **Q2** で考えたことを生かしやすくするために、中心に提示する。「わたし」の思いから、児童の「働くことに対する思い」につなげやすくする。

2

Q2 では、場面絵からお父さんを見ている「わたし」の気持ちを考える。父の表情や場面絵が表す情景も「わたし」の思いを考える助けとなる。

準備するもの・作り方

○ 救急救命士に関する写真や動画
○ ワークシート
　　💿 5-23-1
○ 場面絵3点
　　💿 5-23-2～4

ICT、GTの活用

○「救急救命士の訓練」の様子が分かる動画などを用いて、仕事に対する真剣さと大変さを伝わりやすくする。
○ 地域の消防団の方や保護者等で、命と向き合う仕事をしている方に話をしてもらうこ

とで、仕事に対する信念を感じ取る。

評価のポイント

○ 命と向き合う仕事に必死で取り組む姿から、少年の命と仕事に対する信念の両側面について考えを深めているか。
○ 仕事に真剣に取り組むことの大切さに気付き、自身の夢（職業）に向き合う姿勢が向上することで、社会や人のために働こうと意識しているか。
○ ワークシートや自己への振り返りの発言から、これまでの勤労における充実感に気付き、社会貢献しようとする意欲を評価できる。

5年

教材名
わたしにできることを

出典：教出

C 4　家族愛、家庭生活の充実　**主題名**　家族のためにできることを

1　ねらい

家族を敬愛し、家族の一員として、進んで役に立とうとする心情を育てる。

2　教材の概要

主人公と一緒に暮らす80歳のおじいちゃんが、少しずつもの忘れが多くなり、心配するようになる。母親に相談すると、「おじいちゃんにたくさん話しかけてほしい」と言われ、おじいちゃんと過ごす時間を大切にしようとする。何気なく暮らしてきた家族に変化があったときに、どのような行動を取ったら家族のためになるのかと考え、家族のことを見直す機会となる。

3　教材を生かすポイント

○ 児童は家族の助けがなくても身の回りのことが自分でできるため、家族の必要性が薄くなっている。本教材では、おじいちゃんの病気を通して、家族にとって自分が必要になってくることに気付かせるとともに、家族への感謝についても考えさせたい。
○ 家事を手伝う意欲を高めるのではなく、自分の生活に結び付けて、家族の求めていることを考え、家庭生活の中で自ら実践できるような気持ちにさせたい。
○ 授業を行う際に、同じ境遇にある児童や、家庭環境などに配慮して扱うようにする。

4　本授業の展開

学習活動と主な発問等	●指導の手立て　◆板書の工夫
1 自分にとっての家族の存在について考える。 **1** **2** 家庭での自分の仕事を確認する。 **2**	●家庭における役割と、そのときの気持ちを共有しながら、学習テーマを設定する。
家族のために自分ができることは何だろう。	
3 教材「わたしにできることを」を読んで話し合う。 　**Q1** おじいちゃんに頭をなでてもらったとき、涙があふれ出たのはどうしてでしょうか。 **3-1** 　**Q2** 「わたし」は、どんな気持ちでおじいちゃんに話しかけているでしょうか。 **3-2** 　**Q3** 自分だったら、おじいちゃんにどのようなことをするでしょうか。 **3-3** **4** 家族にとっての自分の役割について考える。 **4**	●おじいちゃんの病状を受け止めきれない主人公の気持ちを捉えさせる。 ●どうにかして家族のためにできることを探している主人公に自我関与させる。 ●おじいちゃんのためになるであろうことを、自身を重ねて考えさせる。 ◆主人公に自我関与させ、自分の役割につながるように構造化した。 ●実生活における自分の役割について考え、実践的意欲につなげる。
4 家族の役割について教師の話を聞く。	●多様化する家族の在り方に触れながら、家族の役割の大切さについてまとめる。

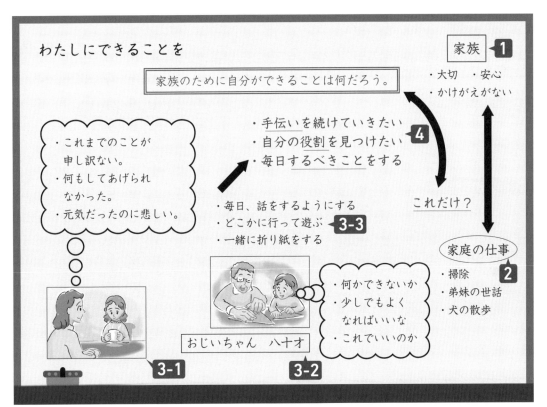

1

Q1 では、母と話している場面絵を使うことで、母との話を踏まえて、おじいちゃんに頭をなでられたときの気持ちを考えられるようにする。

2

Q2 では、おじいちゃんと触れ合う場面絵を使うことで、「わたし」がおじいちゃんと接している際の思いを考えやすくする。

3

Q3 では、主人公の気持ちに投影させつつ、おじいちゃんのためにできることを考えることで、自分の実践につなげやすくなるように板書を構造化する。

準備するもの・作り方

○ ワークシート
　　💿 5 –24– 1
○ 場面絵2枚
　　💿 5 –24– 2 、3

板書を生かして盛り上げる工夫

○ 主人公の気持ちに寄り添うことを通して、スムーズに自分の生活に振り返られるような展開にする。

障害のある児童への手立て

○ 自分の家族から教材の中の家族のことを考え、深まったことを自分の家族のことに戻すことで、自然と考えられるようにする。

評価のポイント

○ 友達の考え方に触れ、自分の考えを広げ深めることで、家族の幸せのために役立てることを考えているか。
○ 家族の幸せのために進んで役に立つことを、自分との関わりに結び付けているか。
○ ワークシートに、友達との交流の中で新たに気付いたことを踏まえて書くようにする。

5年 教材名 森の絵

出典：学研、教出、日文

C 5　よりよい学校生活、集団生活の充実　主題名　みんなのための自分の役割

1　ねらい

集団の中での自分の役割を自覚して、集団生活の充実のために努めようとする態度を養う。

2　教材の概要

えり子は学習発表会で、自分がやりたかった役を友達に譲り、得意な道具係になるが、仕事に身が入らない。そのような中、苦手なししゅう係に取り組む級友の姿や「だれかがやらないと、げきにならない」という言葉から、みんなで劇を成功させようと決心する。

3　教材を生かすポイント

○ 委員会活動や学校行事等で、リーダーとしての活躍が期待される機会が多い高学年児童にとって、自分の与えられた役割と責任を自覚する意義を考えさせることは、児童の学校生活の充実だけでなく、学校全体の雰囲気の向上にもつながっていく。

○ カリキュラム・マネジメントの考えを取り入れ、各教科等との学習内容と本時の関連を図り、時期を合わせて指導を行ったり、勤労や友情、信頼等の他の内容項目との関連を図った指導を行ったりすることも効果的である。

4　本授業の展開

学習活動と主な発問等	● 指導の手立て　◆ 板書の工夫
1 集団の中で自分の役割を考えて頑張ることができた経験と、いつでも頑張ることはできない理由を話し合う。	● 大切なことであると理解していても、様々な理由でできないことがある経験から本時の学習テーマを焦点化する。
自分の役割を果たすためには……	
2 教材「森の絵」を読んで、話し合う。 **Q1** 女王役を譲ったえり子はどんな思いでいるでしょうか。 **2-1** **Q2** 友達の頑張っている姿や「だれかがやらないと、げきにならないじゃないか」という言葉を聞いて、えり子はどんな気持ちになったでしょうか。 **2-2** **Q3** えり子が気付いた大切なこととは、何だったのでしょうか。 **2-3**	● 「劇はみんなでつくり上げるものだ」と言い聞かせていることにも着目させる。 ◆ 中心発問の下部に書き、主人公が大切にした思いを支えるものであることを視覚的に捉えさせる。 ● 自分の考えをワークシートに書かせた後、グループで話し合わせる。 ◆ 本時の主題に関わる内容なので、黒板中央に板書する。
3 学習を振り返り、大切だと思ったことや疑問に思ったことを話し合う。	● 書く時間を十分確保し、学んだことを自分との関わりで振り返らせる。
4 自分の役割を自覚し、責任を果たすことについての教師の話を聞く。	● それぞれの役割を一人一人が自覚し責任を果たすことで組織が成り立っていることを実感した経験を話す。

2

Q2 級友の姿や「だれかがやらないと、げきにならない」という言葉から感じた心情を下部分に板書する。**Q3** で考えさせる道徳的価値の意義を支える心情であることを視覚的に捉えさせる。

3

Q3 では、個々の考えを書いた付箋を貼りながら話し合わせる。付箋を分類、整理しながら、主人公が最も強く感じたと思うものを短冊に書き、黒板中央に貼らせる。

1

Q1 「みんなでつくる」という言葉に注目し、やらなければならないが、やる気にならない心情を共感的に考えさせる。導入時の板書に触れることで自分との関わりを捉えやすくする。

いを支える級友の姿や言葉があったことを視覚的に捉えさせる。

準備するもの・作り方

○ ワークシート
　💿 5 –25– 1
○ 登場人物の絵 2 点
　💿 5 –25– 2、3
○ ミニホワイトボード（グループ数）
○ 短冊または、小黒板（グループ数）

板書を生かして盛り上げる工夫

○ えり子の初めの思いと変容した思いを左右に提示し、集団の中での役割と責任を自覚する意義を短冊に書かせて中央に貼る。
○ えり子の気持ちが変容したことと、その思

評価のポイント

○ えり子が大切にした思いをワークシートに書かせた上で話し合わせる。友達の考えを聞いて新たに気付いた考えや自信をもてた考えを書く欄を設けることで、多面的・多角的に見方が広がったかを見取る。
○ 学んだことを、これまでの生活と照らし合わせて振り返らせることで、自分との関わりで考えているかを見取る。
○ ワークシートの記述とホワイトボードや短冊の記述内容、発言等から評価する。

5年 教材名 志高く、今を熱く生きる

出典：教出

C6 伝統と文化の尊重、国や郷土を愛する態度　主題名 **国や郷土のために**

1 ねらい

先人の努力や思いについて考え、国や郷土を愛する心情を育てる。

2 教材の概要

渋沢栄一が日本に対して行ってきた事業やお金に対する考え、世界との交流などを紹介している。渋沢栄一の行動の原動力は、「心が安らぎ、幸せにくらすことができる、魅力的な街やふるさとをつくること」であり、つまり日本を愛するがゆえの活動であることを感じ取らせたい。

3 教材を生かすポイント

○ 本教材では、日本の国や郷土の発展に尽くした渋沢栄一を扱う。どのような思いをもち、どのようなことを行ったのかを整理して授業を展開したい。板書は思いと活動が視覚として捉えられるようにする。

○ 児童一人一人に国や郷土を愛する心情が自分にもあることを再認識させるため、「渋沢栄一だからできる」という展開にならないように留意する。そのため、渋沢栄一がした活動ばかりを取り上げない。

4 本授業の展開

学習活動と主な発問等	● 指導の手立て　◆ 板書の工夫
1 渋沢栄一の業績を知り、関心をもつ。	● 渋沢栄一の事業をいくつか紹介し、どのような人物か関心をもたせる。 ◆ 渋沢栄一の絵を黒板中央に貼る。 **1**
渋沢栄一はどんな思いから様々な活動をしていたのだろうか。	
2 教材「志高く、今を熱く生きる」を読んで話し合う。 **Q1** 渋沢栄一はフランスから帰国したとき、これからの日本についてどのようなことを思っていたのでしょうか。 **2-1** **Q2** 渋沢栄一はどんな思いから様々な活動をしていたのでしょうか。 **2-2** **Q3** 渋沢栄一にとって日本とはどのようなものだったのだろうか。 **3** 自分が国や郷土に対してできることを考える。 **3**	● 渋沢栄一の日本を大切に思う心に気付かせる。 ◆ 導入で知らせたもの以外の事業について確認し、板書する。 ● 「日本を大切にしている」という意見を「どのくらい？」「心の交流を広げるのはなぜ？」と問い返し、大切に思う強さを感じ取らせる。 ◆ 国や郷土に対する思いが黒板の真ん中に来るように計画する。 ● どんな小さなことでも国のためになることを伝え、ワークシートに書かせる。
4 国や郷土について教師の話を聞く。	● 国や郷土について教師が感心していることについて話をする。

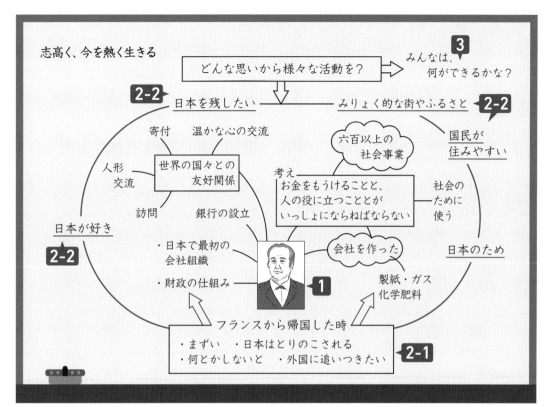

2

Q2 では、発問の後に、渋沢栄一の活動や考えを大きく丸で囲み、それらが渋沢栄一の日本への思いから来ていることを感じ取らせる。

1

Q1 では、導入で掲示した絵の下に、発問と児童の発言を板書する。ここでの思いが様々な事業や渋沢栄一の考えの出発点になっていることを視覚的に捉えさせる。

3

めあての横に国や郷土に対しての自分のこれからの思いを板書することによって、渋沢栄一とのつながりで自分のことを考える流れを板書に示す。

準備するもの・作り方

○ ワークシート
💿 5 –26– 1
○ 渋沢栄一の絵
💿 5 –26– 2

板書を生かして盛り上げる工夫

○ 渋沢栄一の絵を黒板の中央に掲示し、その周りに教材から読み取れる渋沢栄一がしてきた事業や考えを書く。そして、それらを大きく円で囲み、その周りに日本への思いを分類して書くことによって、視覚として日本への思いを捉えることができる。

評価のポイント

○ 渋沢栄一が「日本を大切にしていた思い」について事業やお金、外国に対しての考えを基に多面的に考えているか。

○ 自分が日本や郷土に対してこれからのどのような姿勢で関わっていくのか、今の自分ができることを考えているか。

○ 自分がこれから国や郷土についてしていきたいことをワークシートに書いているか。

5年 教材名 世界の文化遺産

出典：光文

| **C 6** 伝統と文化の尊重、国や郷土を愛する態度 | **主題名** 世界遺産を残すために |

1 ねらい

日本にも世界に誇る文化遺産があることを理解し、日本の文化や自然を大切にしていこうとする心情を育てる。

2 教材の概要

世界遺産についての説明から、日本の厳島神社を紹介する教材である。佐々木君は厳島神社に興味をもち、夏休みの自由研究に厳島神社について調べた内容をまとめた。佐々木君は厳島神社には世界の文化遺産になる理由がたくさんあることに気付き、このような文化を傷つけないことが自分の責任だと感じる。彼の影響から、周りの友達も世界の文化遺産に興味をもち始める。

3 教材を生かすポイント

○ 佐々木君の自由研究には厳島神社についての紹介が分かりやすく書かれているため、なぜ文化遺産になったのかを考えるきっかけとして、厳島神社のすばらしさについて考えさせる。

○ 一人一人が日本の世界遺産についてさらに興味をもつことができるように、授業の初めやまとめで他の日本の世界遺産についても紹介する。

4 本授業の展開

学習活動と主な発問等	●指導の手立て　◆板書の工夫
1 日本の世界遺産の写真を見て、そのすばらしさを発表する。**1**	● 世界遺産の写真を提示した後、すべてに共通していることは何であるのかを問いかけ、その内容を整理しながら学習テーマへとつなげていく。
日本の世界遺産はどうして守られてきているのか。	
2 教材「世界の文化遺産」を読んで話し合う。 **Q1** 佐々木君はどんな気持ちから文化を大切にすることが責任だと思ったのでしょうか。**2-2** **Q2** 学級の友達はどんな気持ちから様々な文化遺産などを調べようと思ったのでしょうか。**2-3** **Q3** 日本の世界遺産はどうして守られてきているのでしょうか。**2-4** **3** 自分がこれからも大切にしていきたい日本の伝統や文化について考える。	● **Q1** の前に、佐々木君が書いた文章から厳島神社のよさについて発表させる。**2-1** ● 厳島神社のすばらしさから文化を守ることが大切であることに気付いた佐々木君に共感させ、文化を守る意味について考えさせる。 ● 文化に興味をもつことの大切さを感じ取らせる。 ◆ 黒板の中央にめあてについての考えを書く。 ● ワークシートに、大切にしていきたい根拠も書かせる。
4 日本の伝統や文化について教師の話を聞く。	● 日本の文化遺産について紹介する。なぜ守られているかも伝える。

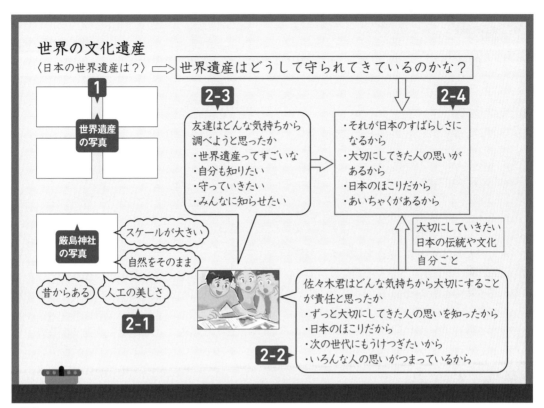

1

導入では日本の世界遺産に
関する写真を掲示する。そ
の中に本時の教材の「厳島
神社」の写真も掲示し、教
材から考えた厳島神社のよ
さを板書する。

2

Q1、**Q2**では佐々木君の
絵を黒板の下のほうに掲示
し、その絵を中心として右
に佐々木君の気持ち、上に
友達の気持ちを板書する。
Q3につなげるために、
Q1、**Q2**から矢印を書く。

3

Q3ではめあてについての
考えを書くために学習テー
マから矢印を引く。考えを
分類して書いた後に赤で囲
む。

○ **Q1**から**Q2**で考えたことがめあてとつな
がっていることに視覚的に気付かせるため
に、二つの矢印を書く。

準備するもの・作り方

○ 日本の世界遺産の写真（厳島神社等。教科
書掲載のものを活用するとよい）
○ ワークシート
　　🔵 5 –27– 1
○ 佐々木君の絵
　　🔵 5 –27– 2

板書を生かして盛り上げる工夫

○ 世界遺産を守っていきたいという心情を育
てるために、導入では写真を多く掲示し、
日本にも多くの世界遺産があることを理解
させる。

評価のポイント

○ 日本の世界遺産がどのような思いによって
受け継がれてきているのかを、「大切にした
い」という視点だけでなく、「誇り」「愛着」
など多面的な視点で考えているか。
○ これからも残していきたい日本の伝統や文
化を具体的に想起し、どうして残していき
たいのかを自分事として考えているか。

ペルーは泣いている

教材名

出典：学研、日文

C 7 国際理解、国際親善 | 主題名 **国境をこえた心のきずな**

1 ねらい

他国の人々や文化について理解し、国際親善に努めようとする態度を育てる。

2 教材の概要

南米ペルーの女子バレーボールチームの監督として招かれた加藤明（アキラ）。明るく純粋なペルーの人々にひかれ、親睦を深めるうちに選手たちとアキラは家族のような関係になっていく。日本で開催された大会で、4位のペルーチームがアキラのために日本語で歌を歌い、1位の日本チームと抱き合った。アキラのお骨はペルーと日本の両方に葬られている。

3 教材を生かすポイント

○ 東京でオリンピックが開催されることから、児童の海外への関心が高まっている。日頃から世界地図や国旗を掲示したり、外国語の授業で海外の文化に触れたりしていることを導入で活用したい。

○ 初めはペルーの人々に受け入れてもらえなかったアキラが、選手たちと家族のような絆をつくり、その死に当たっては「ペルーは泣いている」と報じられるようになった理由を考えることで、自国と同じように他国の伝統や文化を理解し尊重することが国際親善につながることに気付くだろう。

4 本授業の展開

学習活動と主な発問等	●指導の手立て　◆板書の工夫
1 東京オリンピックに関する写真を見て、他国について知っていることを想起する。	● 国旗や人の写真を見て、それぞれに違うところがあることに気付かせる。
2 教材「ペルーは泣いている」を読んで話し合う。	● ペルーの位置と国旗を貼り、条件、状況を確認する。 2-1
世界の人々と仲よくするためには？	
Q1 アキラはなぜペルーの選手たちと一緒に汗を流し、活躍を喜び合おうと誓ったのでしょうか。 2-2	● 初めは受け入れられなかった日本人のアキラの気持ちを考えさせる。
Q2 ペルー選手はどんな気持ちで「上を向いて歩こう」を歌ったのでしょう。 2-3	◆ アキラと選手たちの心情を並べて板書し、互いに絆を深める様子を表す。
Q3 「ペルーは泣いている」と報じられるほどペルーの人々の心を変えたものは何でしょうか。 2-4	● 少人数のグループで話し合い、考えを深めたり広げたりする。
3 世界の人々と仲良くするために、自分にできることを考える。	● ワークシートに今日の学習で自分自身について考えたことを記入する。
4 外国の人の話を聞く。	● 地域に暮らす外国人の、自国の文化の紹介や日本についての考えを聞く。

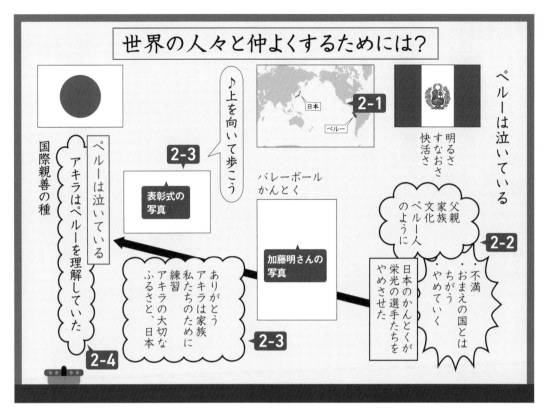

3

Q3 では初めに報じられた言葉と「ペルーは泣いている」という言葉を矢印で対比させ、アキラがペルーの人々と絆を深めることができた理由を考えさせる。

2

Q2 ではアキラの写真と、メダルを首にかけ日本人と並ぶペルーチームの写真を並べ、ペルー選手たちのアキラに対する気持ちを考えさせる。

1

Q1 ではアキラの練習に反発するペルー人の言葉を書き、がっかりしながらも選手たちの明るさにひかれ、共にチームを盛り上げようと努力するアキラの気持ちを考えさせる。

準備するもの・作り方

○ ワークシート

　💿 5-28-1

○ 世界地図、日本とペルーの国旗

　💿 5-28-2〜4

○ 加藤明さんの写真、表彰式の写真

板書を生かして盛り上げる工夫

○ アキラの写真を中心、ペルーと日本の国旗を両脇、世界地図を中央に置く。アキラがペルー人選手と家族のような絆を築き、両国の親睦が深まった様子を吹き出しで表すことで、理解が深まる。

評価のポイント

○ 少人数で話し合うことにより、アキラの死をペルー人が大きく報じた訳を多面的、多角的に考えているか。

○ 他国にも自国と同じように大切な文化や習慣があることを理解し、それを尊重することの大切さを知り、世界の人々と仲良くしようとしているか。

○ 世界の人々と仲良くするために自分にできることをワークシートに記入するようにし、実践への意欲をもてるようにする。

教材名
ブータンに日本の農業を

出典：学図、教出

C7 国際理解、国際親善 主題名 **他国の人々とつながろう**

1 ねらい

他国の人々や文化を理解し、日本人として国際親善に努めようとする態度を育てる。

2 教材の概要

外国人の入国を受け入れていなかった時代、日本からブータンへ農業の技術指導にやってきた西岡京治さん。日本式の田植えがなかなか受け入れられない中、「ブータンの農業の伝統に学ぶところは学び、時間をかけて、日本の農業のよさを示していこう」と考える。

3 教材を生かすポイント

○ グローバル化が進展する今日、国際理解や国際親善の進展は重要な課題である。他国の文化や伝統を尊重する西岡さんの考えに触れる教材を生かす意義は大きい。

○ 本教材は、日本とは土地も文化も異なるブータンが舞台となっている。ブータンの人々の思いと西岡さんの思いを比較することで、他国の人々とつながるにはどうしたらよいか考えさせると効果的である。

4 本授業の展開

学習活動と主な発問等	●指導の手立て ◆板書の工夫
1 他国の人々との交流について、どんなことを感じているか話し合う。	●話合い後、西岡さんの写真を効果的に提示し、本時の学習テーマを板書する。
他国の人々とつながるために大切なこと	
2 教材「ブータンに日本の農業を」を読んで話し合う。 **Q1** 西岡さんがブータンに行くことを決めたのは、どんな思いからでしょう。 **2-1** **Q2** 日本式の農業をすんなり受け入れられないブータンの人々は、どのような思いでしょう。 **2-2** **Q3** ブータンの人々に西岡さんが伝えた日本式の農業が受け入れられたのは、どうしてでしょう。 **2-3** **3** 他国の人々とつながるために大切なことを考え、ワークシートに書く。	●社会科の学習と関連させ、日本の農業をイメージできるようにする。 ◆「ブータンのために」という西岡さんの思いと、ブータンの人々の複雑な思いの違いが分かるように板書する。 ●楽で収穫が増える日本式の農業がなぜ受け入れられないのか、ブータンの人々の立場になって考えさせる。 ●小グループでの話合いの中で、ホワイトボードを活用し、考えを記録させる。 ◆ホワイトボードは、類似する物同士を近くにしたりマーカーで印を付けたりして、視覚的に整理する。
4 国際親善に努めている人々について教師の話を聞く。	●他の学校や子供たちの取組を紹介し、国際親善が身近なものとして感じられるようにする。

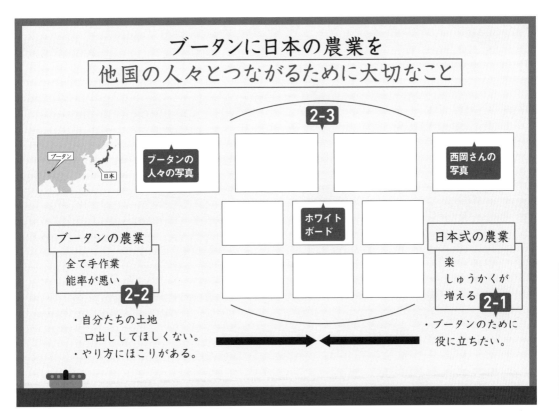

3

Q3では、児童にホワイトボードを貼らせた後、類似する物同士でまとめ、マーカーで色分けして整理する。話合い後、場面絵を線でつなげると効果的である。

1

Q1では、西岡さんとブータンの写真を離して提示する。地図を活用して日本とブータンの違いを押さえるようにする。

2

Q2では、「日本式の農業」とすべて手作業の「ブータンの農業」を対比した板書になるようにする。発言を板書した後、矢印を書きながら整理すると効果的である。

準備するもの・作り方

○ ワークシート
　💿 5-29-1
○ 地図
　💿 5-29-2
○ 西岡さんの写真、ブータンの人々の写真
○ ホワイトボード、マーカー、ネームカード

ICTの活用

○ 終末では、ICTを活用して国際親善の取組を画像や動画で紹介する。オリンピックの動画を活用して、他国の人々との交流に期待感をもたせることもできる。

評価のポイント

○ Q2、Q3でブータンの人々の立場になって考えることで、他国の人々も同じように自国の伝統と文化に愛着や誇りをもっていることに気付いているか。
○ Q1について事前にワークシートに記入させる。3の活動の際に、自分の考えを振り返りながら見つめているか。
○ ホワイトボードにネームカードを貼らせると、児童の考えを確認することができる。

出典：学研、光村

D1 生命の尊さ 主題名 **精一杯、生きる**

1 ねらい

精一杯生きるとはどういうことかを考え、限りある命を懸命に生き、生命を尊重しようとする道徳性を養う。

2 教材の概要

小学5年生で病気のために亡くなった宮越由貴奈さんが病気との闘いで感じたことを「命」という詩にまとめた。これからの将来を楽しみに、たくさんの夢を抱いて生きる中、命を軽んじる出来事の報道に憤りを感じるとともに、精一杯生きようという思いが綴られている。

3 教材を生かすポイント

○ 児童と同じ年齢で亡くなった由貴奈さんが懸命に生きる姿が描かれている。「精一杯生きる」をキーワードに由貴奈さんの思いを深く考えさせたい。

○ 「命」を「電池」に例え、比べながら詩が書かれている。命と電池の似ている点や違う点を明らかにしたい。

○ 生きることが当たり前だと生活する私たちに、何が大切かを問いかけている。なぜ命を大切にしない人がいるのかを考えていくことが、ゆきなさんの思いを深く考えていくことにつながるであろう。

4 本授業の展開

学習活動と主な発問等	●指導の手立て ◆板書の工夫
1 由貴奈さんや神経芽細胞腫について知り、考えたことを話し合う。 **1**	◆ 由貴奈さんが精一杯生きたことを説明し、「精一杯生きる」をキーワードに問題意識を高め、学習を方向付ける。
精一杯、生きるとは？	
2 教材「電池が切れるまで」を読んで、話し合う。	● 心に残ったことや疑問を問い、児童の率直な受け止めから話合いを始める。
Q1 ゆきなさんは、どんな思いで「命」を書いたのでしょうか。 **2-1**	◆ 由貴奈さんの「命」の詩を提示する。 ● ペアで話し合う活動を設定する。
Q2 テレビで自殺やいじめのニュースを見たとき、ゆきなさんはどんなことを考えたでしょうか。 **2-2**	● 「電池と命の似ている点と違う点は何か」と問い返す。
Q3 「だから私は命が疲れたと言うまで　せいいっぱい生きよう」という言葉に、ゆきなさんはどのような思いを込めたでしょうか。 **2-3**	◆ 自分の生活と結び付けて考えることができるように、今も自殺がなくなっていないことをグラフで示す。 ● 「なぜ、命を大切にしない人がいるのか」と問い返す。 ● 「由貴奈さんのお母さんからの言葉」を提示する。
3 「精一杯生きる」について，気付いたことや大事だと思ったことなど、自分の考えをまとめる。	● 一人一人の児童が、今日の学習を通してもった自分の考えをまとめることができるように、ノートに書かせる。

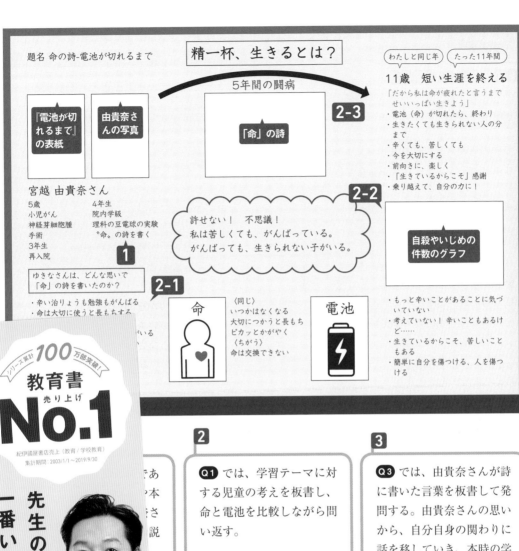

2

Q1 では、学習テーマに対する児童の考えを板書し、命と電池を比較しながら問い返す。

3

Q3 では、由貴奈さんが詩に書いた言葉を板書して発問する。由貴奈さんの思いから、自分自身の関わりに話を移していき、本時の学習のまとめに導く。

いか」と語っている。この言葉を示すことで考えが深まることが期待できる。

評価のポイント

○ 由貴奈さんが「命」という詩をどのような思いで書いたかを多面的・多角的に考えているか。

○ 「精一杯生きるとはどういうことか」について、自分自身との関わりの中で深めているか。

○ 話合いの様子やノートへの記述から評価する。

が切れるまで』の

詩、自殺やいじめ

ト

る工夫

後に「充分に精
詩は、短いけれど
充実した人生の中で得た勉強の成果ではな

教材名

自分の番　いのちのバトン

出典：廣あ

| D1　生命の尊さ | 主題名　いのちのバトン |

1　ねらい

　命を大切にするとはどういうことかについて考え、自分が多くの生命のつながりの中にあるかけがえのない存在であることを感じ、生命を尊重していこうとする心情を育てる。

2　教材の概要

　相田みつをが過去無量のいのちのバトンを受け継いで、今の自分があること（生命の連続性）を書いた「自分の番　いのちのバトン」の詩に説明を加えた教材である。

3　教材を生かすポイント

○ 相田みつをは「いのち」に関する内容の詩を多く残している。「自分の番　いのちのバトン」を中心の教材としながら、導入や終末で他の詩にも触れさせたい。

○ 詩に込められた言葉の意味を深く考えさせたい。「いのちのバトン」をキーワードとして「もしも祖先がいなかったら」や「もしも祖先が違う人だったら」と仮定させることや、「自分の番」をキーワードとして考えさせることが効果的であろう。

4　本授業の展開

学習活動と主な発問等	●指導の手立て　◆板書の工夫
1「命は、○○だから大切」の○○に自分だったら何を入れるかを考える。**1**	●理科で学習した動物や人の誕生のことを想起させ、「命を大切にする」をキーワードに学習を方向付ける。
2 相田みつをについて知る。**2**	◆問題意識を高めるために、相田みつをの紹介や命について書かれた詩を提示する。
命を大切にするとは、どういうこと？	
3「自分の番　いのちのバトン」を読んで、話し合う。	●児童の心に残ったことを問い、児童の率直な受け止め、感動から話し合う話題を生み出していく。
Q1「自分の番　いのちのバトン」を読んで、どんなことが心に残りましたか。	●自分の考えをワークシートに書き、ペアで説明し合う活動を設定する。
Q2「いのちのバトン」とは、どういうことでしょうか。**3-1**	◆祖先の誰かがいなかった場合や祖先が違う人だった場合を想像させ、「いのちのバトン」を受け継いでいることについて考えを深めさせる。
Q3 もしも、祖先の誰かがいなかったり、違う人だったりしたら、どうなっていたでしょうか。**3-2**	
Q4「自分の番」をしっかりと生きている人とは、どんな人のことでしょうか。**3-3**	
4「命を大切にするとは、どういうことか」について、自分の考えをまとめる。	◆ホワイトボードを使って、グループで話し合う活動を設定する。
5「命を大切にするとは、どういうことか」について、教師の話を聞く。	◆教師が、自分の番を全うするために意識していることを話す。

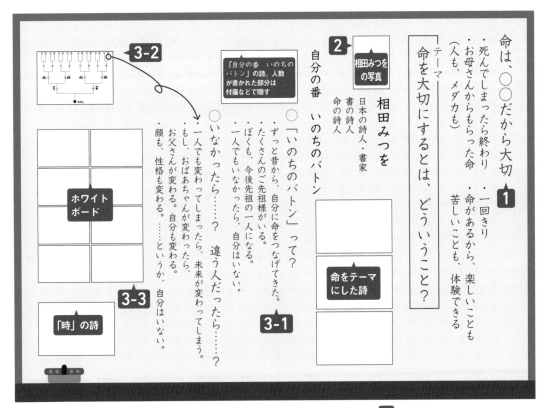

板書（上部）の内容：

命は、○○だから大切 **1**
・死んでしまったら終わり ・一回きり
・お母さんからもらった命 ・命があるから、楽しいことも
（人も、メダカも） 苦しいことも、体験できる

テーマ
命を大切にするとは、どういうこと？

2
相田みつを
の写真

相田みつを
日本の詩人・書家
書の詩人
命の詩人

命をテーマ
にした詩

3-1

自分の番　いのちのバトン

○「いのちのバトン」って？
・ずっと昔から、自分に命をつなげてきた。
・たくさんのご先祖様がいる。
・ぼくも、今後先祖の一人になる。
・一人でもいなかったら、自分はいない。

○いなかったら……？ 違う人だったら……？
・もし、おばあちゃんが変わったら、未来が変わってしまう。

「自分の番　いのちの
バトン」の詩。人数
が書かれた部分は
付箋などで隠す

3-2

ホワイト
ボード

・一人でも変わってしまったら、自分が変わったら、
お父さんが変わる。自分も変わる。
・顔も、性格も変わる。……というか、
自分はいない。

3-3

「時」の詩

3

家系図を掲示し、**Q3**を発問する。**Q4**では、グループでホワイトボードに書きながら話し合わせ、それを掲示する。

2

「自分の番　いのちのバトン」の詩を、人数が書かれた部分を隠し、めくりながら提示することで、児童の驚きを生む。

1

導入では、「命は、○○だから大切」と板書し考えさせ、テーマに導く。相田みつをの写真や詩を貼りながら、紹介する。

○「自分の番」をキーワードに、ホワイトボードを用いたグループワークに取り組ませ、そのホワイトボードを掲示する。

準備するもの・作り方

○ ワークシート
　🎵 5 –31– 1
○ 相田みつをの写真、「自分の番　いのちのバトン」の詩、命をテーマにした詩
○ 家系図系図
　🎵 5 –31– 2
○ ホワイトボード（画用紙でも代用可能）

板書を生かして盛り上げる工夫

○ 家系図を活用して、「もしも祖先がいなかったら」「もしも祖先が違う人だったら」と仮定して考えさせる。

評価のポイント

○「いのちのバトン」や「自分の番」の意味を多面的・多角的に考えているか。
○ 命を大切にすることについて、自分自身との関わりの中で深めているか。
○ 話合いの様子やノートへの記述から評価する。

5年 教材名
一ふみ十年

出典：学図、廣あ、東書、日文、光村

D2　自然愛護　　主題名　自然との関わり

1　ねらい

自然とはどういうものかを考え、自然の偉大さを感じ、自然環境を大切にしようとする心情を育てる。

2　教材の概要

勇は、立山に生息する高山植物チングルマの上にうっかり腰を下ろしてしまい、自然観察員の松井さんに注意を受ける。チングルマがマッチ棒の太さになるのに10年もかかることに驚き、自分の自然との関わり方を考える。

3　教材を生かすポイント

○ 本教材は、松井さんが勇にチングルマの生態や高山植物の大切さを説明する場面が中心となる。「自然を大切にしなくてはいけない」という勇の思いを考えるだけでなく、その思いに至った要因となる松井さんの思いを考えさせていきたい。

○ 高山植物と自分の身近にある雑草とを比べたり、松井さんの「自然を守っていきたい」という思いと「たくさんの人に自然を味わってもらいたい」という思いの間を考えたりしていくことで、深く考えさせる。

4　本授業の展開

学習活動と主な発問等	● 指導の手立て　◆ 板書の工夫
1 北アルプスの山々の写真を見て、室堂や立山がどのような場所かを知る。	◆ 立山を地図で示し、どのような場所かを説明する。**1**
2 教材「一ふみ十年」を読んで、話し合う。	● 心に残ったことや疑問を問いながら、本時の学習テーマを設定する。
「一ふみ十年」の言葉に込めた、松井さんの思いとは？	
Q1 「一ふみ十年」の言葉に込めた、松井さんの思いは、どのようなものでしょう。**2-1**	● 自分の考えをワークシートに書き、ペアで話し合う活動を設定する。
Q2 高山植物と雑草の大切さは同じだと思いますか。**2-2**	● 生活と結び付けて考えるように、同じか違うかを挙手で選択させる。
Q3 松井さんは「たくさんの人に自然を味わってもらいたい」と言っていますが、自然を守るためには、人が来ないほうがいいのではないでしょうか。**2-3**	◆ チングルマ（高山植物）の花、年輪の写真とタンポポ（雑草）の写真を貼って、比較を明確にする。
Q4 松井さんの話を聞いて、勇はどんなことを考えましたか。**2-4**	◆ 松井さんの思いとその思いに気付いた勇の気持ちを吹き出しで板書する。
3 「自然とはどのようなものか」「自然を大切にするとはどういうことか」など、自然との関わり方についてまとめる。**3**	● 一人一人の児童が自分の考えをまとめることができるように、ノートに書いて考える時間を設定する。

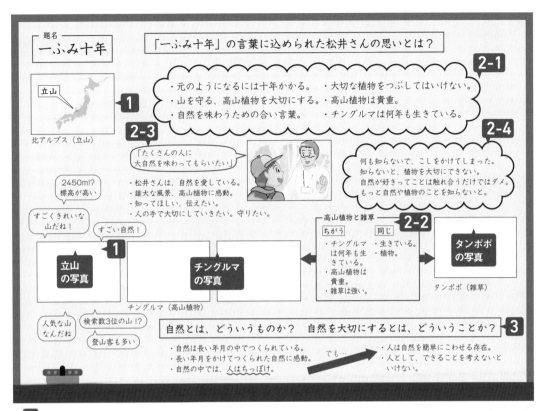

1

導入では、日本地図で北アルプスの場所を確認し、写真を提示して標高や気温、登山者数などを説明する。また、写真から分かることを問い、教材への関心を高める。

2

Q1 では、児童の考えを松井さんからの吹き出しにして板書する。「チングルマ」や「大切な植物」といった発言から Q2 を投げかけ、比較して板書する。

3

Q3 は、松井さんの思いに気付いた勇の気持ちに共感させ吹き出しにして板書し、本時の学習のまとめに導く。

準備するもの・作り方

○ ワークシート
　💿 5 –32– 1
○ 日本地図
　💿 5 –32– 2
○ 立山の写真、チングルマの花とタンポポの写真
○ 場面絵
　💿 5 –32– 3

ICT の活用

○ 立山自然保護センターのウェブサイトでは、北アルプスの様子を室堂平のライブカメラで見ることができる。導入で ICT を活用し、室堂平のライブカメラを見せることも考えられる。

評価のポイント

○ 「一ふみ十年」という言葉に込めた松井さんの思いを、多面的・多角的に考えているか。
○ 「自然とは、どういうものか」「自然を大切にするとは、どういうことか」について、自分自身との関わりの中で深めているか。
○ 話合いの様子やノートへの記述から評価する。

5年 教材名 ひさの星

出典：東書

D3 感動、畏敬の念　主題名 心の尊さ、美しさ

1 ねらい

人間には、清らかで崇高な心があることに気付き、それを尊ぶ心を育てる。

2 教材の概要

ひさは、自己主張をしない無口な女の子。近所の小さな子が犬に襲われたとき、その子を守ってやり、自分は犬にかまれてけがをした。しかし、誰にも言わなかった。ある雨の多い夏、川に落ちた政吉を救うために濁流に飛び込む。政吉は助かったが、ひさは命を落とす。翌日から東の空に青白い星が輝き始める。その星を村人たちは「ひさの星」と呼んだ。

3 教材を生かすポイント

○ ひさの死を美化し、自己犠牲を「美しいもの、気高いもの」と捉えさせたくはない。ただ政吉を救いたいという一心さ、心の純粋さに人々は心を動かされるということを考えさせたい。

○ 「ひさの星」と名付けて星を仰ぐ村人たちの心情を考えることで、ひさの真の心に気付くようにする。

○ 心が動かされたところを十分に引き出してから、児童の感想を手掛かりにして話合いを深めるようにする。

4 本授業の展開

学習活動と主な発問等	●指導の手立て　◆板書の工夫
1 星を見て、美しいと思った経験について発表し合う。	● 星を見た経験や気持ちを発表し合い、教材への興味を高める。本時の教材名を板書する。
「ひさの星」と名付けられたのは　なぜだろうか。 ◀**1**	
2 教材「ひさの星」を読んで、心を動かされたことについて話し合う。 **Q1** どんなところに心が動かされましたか。 **Q2** ひさは、どんな思いからそのような行いをしたのでしょう。◀**2-1**	● 絵本があれば、各ページの挿絵や余白を大事に読み聞かせる。 ◆ 意見が出された場面の挿絵を提示し、ひさの行いを確認する。 ● 場面ごとに考えさせた後、「ひさはどんな人でしょう」と問いかける。自らの生命を顧みず助けようとしたのではないことを押さえ、相手を一心に思うひさの心の清らかさを考えさせる。
Q3「ひさの星」と名付け、星を仰ぐ村人たちはどんなことを思っているのでしょう。◀**2-2**	●「自分が村人だったらどう考えますか」「そこで何と言うでしょう」「星の美しさは何を表すのでしょう」などと問いかける。
3 授業を振り返り、感想や学んだことを発表し合う。	● 本教材のような人間の心の崇高さや、行為、行動に心を動かされる話を聞いたり読んだりしたことはあるかと問う。

板書

ひさの星

- ・十か十一ぐらい
- ・無口な女の子
- ・一番後から来て、そっとすわるような子

1
きれい
美しい

「ひさの星」と名付けた人々の思いとは？

- ・かまれたら、かわいそう。
- ・こわい。
- ・助けたい。
- ・おっかあに心配かけたくない。

ひさはどういう人か

- ・やさしい。
- ・人の苦しみや悲しみがわかる。
- ・相手のことを思う心。

2-1

- ・危ない。
- ・政吉が死んでしまう。
- ・助けたい。
- ・必死で。

2-2
- ・うたがって悪かった。
- ・ありがとう。
- ・ひさの心を忘れない。
- ・人のために何かができる心をもとう。
- ・人の苦しみや悲しみがわかる心を大切にしたい。

3

星を仰ぐ村人たちの思いの中で「美しい」「きれい」等の言葉を色チョークで囲み強調する。「その美しさは何を表しているのか」と補助発問することも考えられる。

2

ひさの顔の絵を貼り、どんな女の子かを確認する。それぞれの場面のひさの行いを確かめた後、それを支えた心について話し合い、下段に表す。

1

教材を読む前に、教材名「ひさの星」と星の絵を提示し、なぜ名付けられたのかを考えさせながら読み聞かせる。

D

主として生命や自然、崇高なものとの関わりに関すること

準備するもの

○ 『ひさの星』の絵本
○ ワークシート
  　5 –33– 1
○ 場面絵5点
  　5 –33– 2 ～ 6

板書を生かして盛り上げる工夫

○ 星の絵と学習テーマを中央付近に配置させ、右にはひさの心、左には村人の心を板書し、左右を関連付けて考えさせる。ひさの相手を思う一心さ、純粋な心に、人々は心を動かされるということにつなげたい。

評価のポイント

○ ひさの行いを支えているものについて、友達と話し合うことで、人間の心の清らかさ・尊さ等について考えているか。
○ 「ひさの星」を仰ぐ村人たちの思いを自分に重ねて考えているか。
○ 発言やワークシートの記述等から評価する。

5年 マララ・ユスフザイ ―一人の少女が世界を変える―

出典：光文

D4 よりよく生きる喜び　主題名　強い思いをもって、よりよく生きる

1　ねらい

よりよく生きようとする人間の強さや気高さに気付き、よりよい生き方を見つけようとする心情を育てる。

2　教材の概要

2012年、パキスタンで15歳の少女が銃で頭部を撃たれた。その少女はブログで教育の必要性や平和の大切さを訴えているマララ・ユスフザイだった。マララは一命を取りとめ、その後、より精力的に活動を続けた。世界中の多くの人がマララに協力を申し出るようになった。マララは史上最年少でノーベル平和賞を受賞し、その賞金で学校をつくった。そして、活動を続けている。

3　教材を生かすポイント

○ 人権課題については、児童により知識量に個人差がある。本教材に関わりのある人権課題について補助的な資料を用いることで学びを深めさせたい。

○ 偉人を題材に使った教材は、児童の生活との距離を感じやすい。そのため、自分たちも使っているインターネットの話題に触れ、15歳の少女がインターネット上のブログで発信しているところ等から身近に感じさせたい。

4　本授業の展開

学習活動と主な発問等	●指導の手立て　◆板書の工夫
1 マララ・ユスフザイさんの簡単な説明を聞き、教材に興味をもつ。**1**	●マララ・ユスフザイさんの写真からどんな人なのか想像させながら、ノーベル平和賞を受賞したことを伝える。
マララ・ユスフザイさんの生き方から学ぼう。	
2 教材「マララ・ユスフザイ」を読んで話し合う。 **Q1** マララさんはどのような願いをもっていますか。**2-1** **Q2** マララさんは、くじけそうになる気持ちをもっていたと思いますか。**2-2** **Q3** マララさんはどんな思いで声を上げ続けているのでしょうか。**2-3** **3** マララさんの思いと自分自身が重なるところについて考える。**3**	●マララさんの生き方に距離感を感じていても、本時を通して自分の生き方の参考になることを伝える。 ◆スピーチの叙述から四つ抜き出し、用意していた短冊を貼る。 ●「弱さ、おそれ、絶望」の言葉を手掛かりに想像させる。 ●グループで話し合った意見を短冊に書かせ、黒板に貼って、グルーピングをさせる。 ◆「思いは行動の芽」という意味を込め、出てきた意見を双葉の絵で囲む。
4 自分の生き方について考えたことをワークシートに書く。	●ワークシートを用意する。

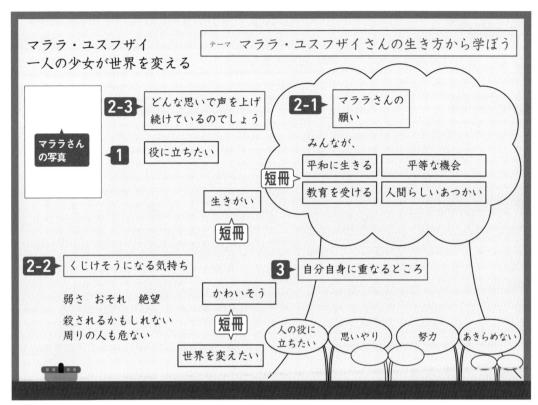

マララ・ユスフザイ
一人の少女が世界を変える

テーマ マララ・ユスフザイさんの生き方から学ぼう

2-3 どんな思いで声を上げ続けているのでしょう

マララさんの写真 1

役に立ちたい

2-1 マララさんの願い

みんなが、

短冊

| 平和に生きる | 平等な機会 |
| 教育を受ける | 人間らしいあつかい |

生きがい

短冊

2-2 くじけそうになる気持ち

弱さ　おそれ　絶望
殺されるかもしれない
周りの人も危ない

3 自分自身に重なるところ

かわいそう

短冊

世界を変えたい

人の役に立ちたい　　思いやり　　努力　　あきらめない

1

Q1 では、授業後半に木を描く部分に重ねられるように、黒板右上に短冊を貼る。叙述からの抜き出しのため、児童の発言も短冊に用意しておき、貼っていく。

2

Q3 では、グループで話し合わせ、出た意見を短冊に書かせて黒板に貼らせる。重なる意見はまとめて貼り、黒板の中央に配置する。

3

3の活動では、意見を双葉の形で囲む。意見を出し合わせた後、**Q1** の辺りを囲うように木を描く。思いがいずれ大きな形につながっていくことを視覚的にも捉えやすくする。

準備するもの・作り方

○ ワークシート
　💿 5 –34– 1
○ マララさんの写真
○ マララさんの願いを書いた短冊

板書を生かして盛り上げる工夫

○ 自己を振り返る3の活動で出てきた意見は、マララさんのしていることと距離感を感じる児童も多いだろう。しかし、思いの部分では共通するところがあり、その思いがいずれ大きく形となっていくことを、木に例えて描くことで、児童の将来に希望を

もたせたい。

評価のポイント

○ **Q3** で、よりよく生きようとする人間の思いについて多面的・多角的に考えられるように共有させ、発言、様子から学習状況を評価する。
○ 3の活動で、生きることについて、一人一人が自己の生き方に照らして考えられるように、話合いをコーディネートする。

5年

教材名
そういうものにわたしはなりたい ―宮沢賢治―

出典：東書

D4　よりよく生きる喜び　主題名　**生きる喜び**

1　ねらい

　自分の弱さに向き合い、良心に従って生きることは、人間として生きる喜びにつながることに気付き、よりよく生きようとする心情を育てる。

2　教材の概要

　作家や詩人として知られる宮沢賢治の生涯を描いている。岩手の豊かな自然の中で成長した賢治は、自然を愛するとともに、自然の厳しさの中で暮らす農民たちのよりよい暮らしのために、農民と共に生きようと決心する。最後まで自分の理想を追い続けて生きた賢治。教材末には詩「雨ニモマケズ」が掲載されている。

3　教材を生かすポイント

○ 詩を含め、長い教材なので事前に読ませておくことも考えられる。

○「雨ニモマケズ」は手帳に書き記されたもので、賢治の死後に発見されたことを伝えることで、賢治の考え方や生き方をより深く考えさせることができる。

○ 学習後は、「これからもっと考えたいことはどんなことか」などと問い、問題追求を終わらせない工夫をする。人物像や作品について調べたり、読書活動を広げたりすることで、さらに賢治の生き方と自分の生き方について考えを深められるようにする。

4　本授業の展開

学習活動と主な発問等	● 指導の手立て　◆ 板書の工夫
1「自分はこういう人になりたい」と思っていることはあるか話し合う。	● 自分が目指したい姿や憧れの人物について問い、主題へ関心をもたせる。 ◆ 本時の学習テーマを中央に板書する。**1**
なりたい自分とは、どういう自分だろう。	
2 教材を読んで話し合う。 　**Q1** 感じたことや気になることは何ですか。 　**Q2** 賢治が大切にしたことは何でしょう。　**2-1** 　**Q3** 賢治にとって「そういうもの」とは、どのような人間のことでしょう。**2-2**	● 感想や疑問から**Q2**につなげる。 ◆「大好きな自然」「人のため」「自分の夢」など意見を整理しながら板書する。 ●「デクノボートイワレ……ワタシハナリタイ」とはどういうことかと問い、他の評価よりも自分の心に従って生きることが喜びにつながる賢治の思いに気付かせる。
3 今の自分を考える（①～③からを選択）。①これまでに大切にしてきたこと、②なりたい自分、③授業の感想。	● 影響を受けた人物がいれば、その理由も挙げるようにする。
4 これからもっと知りたいことや考えたいことについてまとめる。	● 授業後、生き方や考え方を深められるような発展学習につなげてもよい。

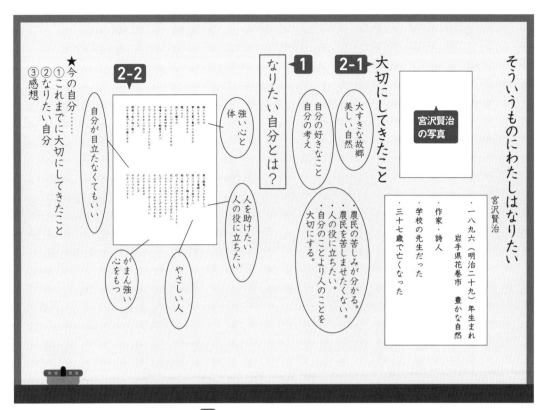

3 展開3では、自分について考える内容を選択式にし、様々な考えをもつ児童が書けるようにする。ワークシートには☆のみを表記しておく。

1 本時のテーマを中央に板書する。展開3で自分を見つめるときに、色で囲み、再度強調する。

2 賢治の写真や略歴に説明を加えながら提示する。

D
主として生命や自然、崇高なものとの関わりに関すること

○ **Q3** では、児童の発言を詩の周りに分類・整理して表す。**Q2** の意見との相違をも考えさせ、賢治の思いにつなげていく。

評価のポイント

○「雨ニモマケズ」から分かる賢治の生き方や考え方について、自分の考えと友達の考えを比べながら聞き、相違点に気付き、考えを広げているか。
○ 賢治の生き方や考え方を通して、自分の生き方について考えているか。
○ 発言、ワークシートの記述、自己評価等から評価する。

準備するもの

○ ワークシート
　💿 5 –35– 1
○ 宮澤賢治の写真、「雨ニモマケズ」を記した手帳の写真
○ 賢治の略歴
　💿 5 –35– 2
○ 詩「雨ニモマケズ」拡大提示
　💿 5 –35– 3

板書を生かして盛り上げる工夫

○ 本時の学習テーマを中央に板書することで、授業を通して意識させるようにする。

そういうものにわたしはなりたい―宮沢賢治―　099

4

第6学年の
道徳・全時間の板書

教材名
修学旅行の夜

出典：東書

A 1 　善悪の判断、自律、自由と責任　主題名 **自由の意味とは**

1　ねらい

自由のもつ意味を理解し、自分の意志で考え、行動しようとする判断力を育てる。

2　教材の概要

修学旅行の夜に「消灯後もおしゃべりして自由にしたい」という意見が班の中から出た。そのときは「静かに寝よう」という話になったが、実際はそうできず、隣りの部屋や先生に注意されても大騒ぎになってしまった。

先生が来て、「班長はどう考えているのか」「自由と自分勝手の違いを考えなさい」と言われ、「わたし」は繰り返し考えた。

3　教材を生かすポイント

○ 自分たちの学校生活で経験できることであるため、児童も考えやすいと思われる。しかし、修学旅行や移動教室の事前指導を兼ねて指導するものではないので、気を付けたい。

○ 児童に「自由」のイメージをもたせてから授業に入ると、勝手気ままな「自由」は本来の自由とは言わず、自己責任をもつものと判断することに結び付けられる。

○ 班長としての「わたし」になって、「注意しなくてはいけない」と「もう注意しなくてもいい」という両方の思いを考えさせる。

4　本授業の展開

学習活動と主な発問等	●指導の手立て　◆板書の工夫
1「自由」という言葉を聞いて、どんなことをイメージするか考える。	●自由について記述式でアンケートを取っておき、「自分勝手」のイメージに近いものなどいくつかを提示する。
2 教材「修学旅行の夜」を読んで、話し合う。	●修学旅行や移動教室をイメージしながら聞くように伝えてから読む。
自由の意味について考えよう。	
Q1 みんながうるさくなり始めたとき、「わたし」はどう思いましたか。 **2-1** **Q2** 山本さんに「もう注意しなくてもいいわよ」と言われたとき、どんなことを考えましたか。 **2-2** **Q1** 先生に言われたことを繰り返し思い出しながら、どんなことを考えていたでしょうか。 **2-3**	●自主的に行動しようとしている思いについて考えさせる。 ◆「注意しなくては」という考えと「注意しなくてもいい」という考えを対比させるため、上下に分けて考えを板書する。 ●自由な行動についての自己責任の大きさを感じ、反省しているときの思いを考えさせる。
3 この授業を通して「自由」について考えたことを書く。 **3**	●導入と比較し、「自由」について自分の生活を振り返りながら考えを書かせる。
4『私たちの道徳　小学校五・六年』の「自由は自分勝手とはちがう」を聞く。	●このページの本文のみを読み、本時の内容についてさらに考えさせる。

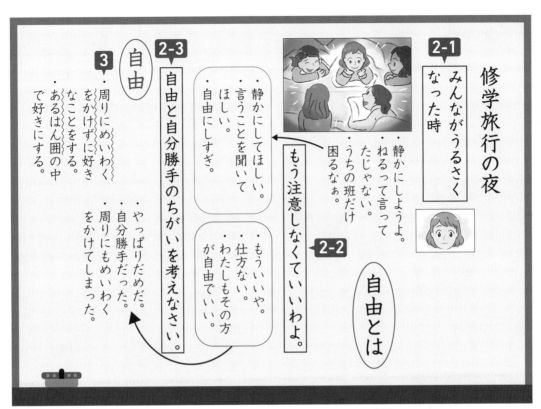

修学旅行の夜

自由とは

2-1 みんながうるさくなった時
・静かにしようよ。
・ねるって言ってたじゃない。
・うちの班だけ困るなぁ。

2-2 もう注意しなくていいわよ。
・もういいや。
・仕方ない。
・わたしもその方が自由でいい。

2-3
・静かにしてほしい。
・言うことを聞いてほしい。
・自由にしすぎ。

自由と自分勝手のちがいを考えなさい。

自由

3
・周りにめいわくをかけずに好きなことをする。
・あるはん囲の中で好きにする。

・自分勝手だった。
・やっぱりだめだ。
・周りにもめいわくをかけてしまった。

3
Q3 は、反省しているところなので、児童の反応は下のほうに書き、中心発問の「もう注意しなくていい」という考えとつながるようにする。

2
中心発問で、「注意しなくては」という考えと、「もう注意しなくていい」という考えを上下に板書し、上に「注意しなくては」の意見を書いてQ1とつながるようにする。

1
「わたし」の顔を貼り、Q1を発問する。「わたし」が班長としての自覚をまだもっており、自主的に行動しようとしている思いを考えさせるので、黒板の上のほうに児童の意見を書く。

後の発問とも関連させて考えさせる。

準備するもの・作り方

○「自由」についての児童アンケート
○ワークシート
　💿 6-01-1
○イラスト2点
　💿 6-01-2、3
○『私たちの道徳 小学校五・六年』

板書を生かして盛り上げる工夫

○中心発問では、「自主的に行動したい」という気持ちと「周りがこんな感じだからもう注意しなくていい」という気持ちが揺れていることを、上下で対比させて板書し、前

評価のポイント

○中心発問では、このまま注意するほうがよいか、注意しなくてもよいか、「わたし」になって多面的に考えたか。
○振り返りで「自由」についての考えを書かせる際、自分の今までの生活も考えながらワークシートを書くよう促す。
○中心発問は、ペアトークやグループトークでの聞き取り、または発言から評価する。自己の振り返りは、事前アンケートとワークシートの考えを比較し、評価する。

教材名
手品師

出典：教出、廣あ、東書、日文、光村、学研5年、学図5年、光村5年

A2　正直、誠実

主題名 誠実に生きることの喜び

1　ねらい

　他者はもちろん、自身の心にも誠実に行動し、明るく生きようとする心情を育てる。

2　教材の概要

　腕はよいが売れない手品師が、一人ぼっちの男の子と出会い手品を披露する。手品師は男の子と明日の再会を約束するのだが、その夜、友人から大劇場への誘いの電話がかかってくる。男の子との約束か大劇場か、迷いに迷う手品師だったが、翌日、たった一人の男の子の前で手品を披露するのであった。

3　教材を生かすポイント

○ 男の子か大劇場かで迷う手品師の葛藤場面は、授業の大きな山場である。話合いを深めるためにも、児童の考えが一方に集中してしまった場合の補助発問を用意し、多様な意見を引き出していきたい。

○ 中心発問での話合いを充実させるためにも、「腕はよいが売れない手品師」等、授業冒頭に手品師の状況を押さえることが大切である。

4　本授業の展開

学習活動と主な発問等	● 指導の手立て　◆ 板書の工夫
1 教師が実施する手品を見て、教材への興味や課題への関心をもつ。	● 簡単な手品を披露した後、教材名を板書し「腕はよいが売れない手品師」「大ステージに上がることが夢」を押さえる。
2 教材「手品師」を読んで、話し合う。 **Q1** 友人からの誘いを受けた手品師が、迷っているのはなぜでしょう。　**2-1**	● 夢を抱いている手品師が、大劇場への誘いに迷う心の内を話し合わせることを通して、「誠実」な生き方について焦点化する。 ◆ 手品師を中心に置き、揺れる心の動きと、その理由を対極にまとめる。
男の子との約束を優先した手品師の生き方について考えよう。	
Q2 手品師が生きる上で大切にしているものは何でしょう。　**2-2** **3** 手品師が大切にした誠実な生き方と、自身の誠実に対する考えを比べてノートにまとめる。	● 男の子との約束を優先した手品師の生き方から、他者だけでなく、自身の心に対しても誠実に生きることについて、自身と比べながら考えさせる。 ● 手品師は夢をあきらめたのかについても触れながら、話し合わせていく。
4 教師の説話を聞く（夏目漱石「自分に誠実でないものは、決して他人に誠実であり得ない」）。	● 夏目漱石の言葉を紹介し、話し合ってきた内容や、ねらいを価値付ける。

2-2

夢をあきらめるのではない。信じた生き方をしていればチャンスはまたくる。

たった一人の男の子の前で

・自分の（良心）を裏切らなくてよかった。
・これが自分らしい生き方だ。
・自分の信じる生き方をしたい。
・約束を守ること

2-1

ずっと夢見ていた多くの人を喜ばせたいこのチャンスをのがしたくない

「大劇場への誘い」

約束が先男の子を放っておけないチャンスはまたある

男の子との約束を優先した手品師

「きっと来るよ」

手品師

・腕はよいが売れない手品師
・大劇場に出ることを夢見ている
・一人ぼっちの男の子と約束

1

3

葛藤の末、男の子との約束を選んだ手品師の生き方について出された意見を板書し、手品師の生き方と自身の生き方を比べながら考えられるようにする。

2

手品師の場面絵を中心に、男の子、大劇場を対極に掲示し、「心の綱引き」で葛藤する手品師の心の内を可視化し、「誠実」な心の中身を深く探っていく。

1

「腕はよいが売れない手品師」「大劇場に出ることを夢見ている」「一人ぼっちの男の子と約束」等、誠実について話し合う上で大切なキーワードを時系列で示す。

し、迷う心を「見える化」する。

準備するもの・作り方

○ ワークシート
　　6 -02- 1
○ イラスト4点
　　6 -02- 2 〜 5
○ ポリエチレン製のテープで縄を編み、その両端にハートを取り付け、心が揺れ動く状態を可視化する。ハートの色は、心の揺れの状態に合わせ工夫する。

板書を生かして盛り上げる工夫

○ 男の子との約束か大劇場への出演かに迷っている様子を「心の綱引き」を用いて表現

評価のポイント

○ 役割演技（二重自我法）を用いて、男の子との約束か大劇場かについて、揺れている手品師について多面的・多角的に考えているか。
○ 役割演技により、他者への誠実さとともに、自分自身の心に誠実に生きることの大切さやすばらしさを深く考えているか。
○ 夢は変わらずもち続けながら男の子の前で演技をする手品師の、晴れ晴れとした気持ちを押さえたい。

教材名

食べ残されたえびになみだ

出典：学研

A3　節度、節制　　主題名　**ものを大切にする心**

1　ねらい

　自分の生活を見直し、望ましい生活習慣を築こうとする態度を育てる。

2　教材の概要

　タイから日本へ来た大学生が感じた話。
　日本人は、食べ物を大事にする人たちだ。タイでは、日本へ輸出するためにたくさんのえびを大事に育てている。しかし、日本のパーティーではたくさんのエビフライが残っているのをよく見かける。それを見ると涙が出てくるのだった。

3　教材を生かすポイント

○ 豊かな食生活に恵まれている児童には、教材の主人公のような思いは想像もつかないことと思われる。だからこそ、「日本へ輸出している国の人々が大切に育ててきた」ものを日々食べているということに着目させることは大切である。
○ 日本が食料をかなり外国に頼っていることを理解している児童はいると思うが、実際にデータを提示し、関心をもたせる。
○ 自分の身の回りでも、つい無駄にしがちなもの（自分の持ち物、給食など）を提示し、自分事として考えさせるようにする。

4　本授業の展開

学習活動と主な発問等	●指導の手立て　◆板書の工夫
1 日本にえびを輸出している国とその大まかな輸出量について知る。	● データを提示し、それぞれの国から日本へのえびの輸出量の多さに気付かせる。
2 教材「食べ残されたえびになみだ」を読んで話し合う。	● パーティーの残菜の場面絵を提示し、自分の身の回りの食生活を思い出し、教材に関心をもたせる。
自分の食生活について考えよう。	
Q1 父親から小さなえびをもらったとき、「わたし」はどんな思いだったでしょうか。 **2-1**	● 食料を大切に育てている生産者の思いについて考えるようにする。
Q2 残されたエビフライを見たとき、「わたし」はどんな思いだったでしょうか。 **2-2**	● 大事な食料を無駄にされていると感じたときの思いを考えるようにする。
Q3 「わたし」は「もの」の大切さについてどんなことを伝えようとしているでしょうか。 **2-3**	◆ 生産者の思い、実際に無駄にしてしまっている光景を見たときの思いを見て、伝えたいことについての考えを書かせる。
3 自分の生活を振り返り、「『わたし』が伝えたいこと」に対してどんなことを考えたか書く。 **3**	● 給食の残菜の写真や学校の落とし物箱の写真を提示し、自分の生活について振り返らせる。
4 日常生活で見かける「もの」を大切にしている光景を見て考える。	● フリーマーケットの写真などから、ものを大切にすることについて考える。

食べ残されたえびになみだ

「ものの大切さ」 2-3

・食べ物は大切にしてほしい。
・ものをむだにしないでほしい。
・食べ物に困っている国もあるんだ。

3

落とし物箱の写真

給食の残菜の写真

「日本人のために、大きく育てたえびだ。」 2-1

父
・売るために育てている。
・大きくないとだめだ。

わたし
・小さな方しかくれないんだ。
・そんなに日本人はすごいのか。

なみだがこみあげてきます。 2-2

・あんなに大事に育てているのに。
・日本人は食べ物を大切にしないのか。
・えびがかわいそう。
・育てた人がかなしむ。

2

Q2 では、大事に育ててきたものだと分かっているものが、粗末に扱われていることを知ったときの思いを考えさせ、左下に板書する。

3

Q3 パーティーで残菜が残っているときの場面絵を見ながら、「わたし」がどんなことを伝えたいと思っているか、中心発問での児童の考えを中央下に書いていく。

1

Q1 では、食料を生産している側の立場としての思いを考えさせ、右下に書いていく。父親として感じていることと、息子の立場で感じていることは分けて板書し、視覚的に分かりやすくする。

く。双方の思いを基に、「わたし」が言っていることを考えさせる。

準備するもの・作り方

○ ワークシート
　💿 6 –03– 1
○ 場面絵３点
　💿 6 –03– 2 ～ 4
○ 給食の残菜や落とし物箱、フリーマーケットの写真

板書を生かして盛り上げる工夫

○ 生産者の立場としての思い、実際に無駄にされている現場を見たときの思いの双方から中心発問について考えられるように、板書の両端に**Q1**と**Q2**を分けて板書してお

評価のポイント

○「わたし」が伝えたいことの考えの裏側にあるものを感じ取り、食料の世界事情や日本の古くからの考えなど様々な思いを多面的に考えているか。
○ 自分の生活を振り返り、ものを大切にしたいという思いをもっているか。
○ 中心発問は、発言や話合いの様子から評価する。自己の振り返りは、自分自身と向き合いながらじっくりとワークシートに考えを書かせ、評価する。

6年

教材名

作業服のノーベル賞

出典：学図

| A4 | 個性の伸長 | 主題名 | 自分のよさ |

1 ねらい

自分のよさを理解し、そのよさを大切にしながら伸ばしていこうとする心情を育てる。

2 教材の概要

ノーベル化学賞を受賞した田中耕一さんが小学生の頃の話である。耕一は、理科が好きな子供だった。担任の澤柿先生も理科の教育に関心が高かったため、耕一は理科への興味を深めていく。発明コンクールに出品するが受賞できず、落ち込んだが、澤柿先生の言葉に科学への興味をさらに深めたのである。

3 教材を生かすポイント

○ 教材文が長いため、写真や場面絵等で文章の内容を補充しながら教材提示する。発問の際もその写真や絵を板書に利用する。

○ 中心発問では、田中さんが読書感想文に書いた言葉を引用し、どんな気持ちで言ったのかを聞いた後、そこで言っている「心」とはどんな心なのかを考えさせる。

○ 自己の振り返りにおいて、自分のよさをすぐに思いつかない児童もいると思われるため、学級活動や日常的な活動の中で、互いのよさを見つけ合う活動を取り入れる。

4 本授業の展開

学習活動と主な発問等	●指導の手立て ◆板書の工夫
1 田中耕一さんの写真を見て、知っていることを伝え合う。	● 田中耕一さんの写真を提示し、ノーベル賞受賞者であることや研究内容を伝え、教材への関心を高める。
2 教材「作業服のノーベル賞」を読み、話し合う。	● ノーベル賞受賞時の写真や場面絵を使い、紙芝居形式で教材提示する。
自分のよさについて考えよう。	
Q1 実験の準備を手伝ったり科学の本の付録をつくったりしながら、耕一はどんなことを思ったでしょうか。 **2-1**	● 二つの場面から、自分が好きなことについて深く考えることが自分のよさであることを考えさせる。
Q2 澤柿先生の「〜好きなように発想していい」という言葉を、耕一はどう感じていたでしょうか。 **2-2**	● 自分のよいところをさらに伸ばしていきたいという思いを考えさせる。
Q3 耕一はどんな気持ちで「ぼくの考え、ぼくの心はいつまでもぼくのものでありたい」と書いたのでしょうか。 **2-3**	◆ 気持ちを聞いた後に「ぼくの考え、心」とは何かを聞き、中央上に板書する。
3 自分のよさについて振り返る。	● 自分のよさを見つけ、それを今後どうしていきたいか考えさせる。
4 教師の説話を聞く。	● 教師が大切にしてきた自分のよさについて話す。

作業服のノーベル賞

田中耕一さんの写真

田中さん

2-1 付録を作っている時。 実験の手伝いをしている時。

・理科は楽しい。
・やっぱり理科が好き。
・先生の手伝いをしてよかった。

・そのまま作りたくない。
・工夫するとおもしろい。

2-2 教科書に書いていないことでも、好きなように発想していいんだよ。

・子供の作品と思われず賞が取れなかった。
ショック

2-3

・発想するのはいいことなんだ。
・これからも続けよう。

ぼくの考え、ぼくの心はいつまでもぼくのものでありたい。

・自分の好きなことは変えたくない。
・だれに言われても自分の考えは変わらない。

ノーベル賞
・発想する考え
・科学が好きな心
・工夫する考え

3

「ぼくの考え〜ぼくのものでありたい」と書き、どんな気持ちでそう書いたか板書した上に、その考えや心は何かを書く。最後に、その考えや心がノーベル賞につながったことを板書する。

2

澤柿先生の言葉を書き、発明コンクールの受賞は逃したが、すぐにショックを乗り越え、さらに科学への興味や関心を高めたことについて中央に板書する。

1

先生の実験を手伝っているときの思いや付録を工夫してつくっているときの思いを児童に問い、出された意見を上下に分けて板書する。

準備するもの・作り方

○ 田中さんの顔写真や受賞時の写真
○ ワークシート
　 6 -04- 1
○ 場面絵3点
　 6 -04- 2 〜 4

板書を生かして盛り上げる工夫

○ 中心発問で出された「考え」や「心」が様々な価値を含むものであることを意識させるように工夫して板書する。

評価のポイント

○ 田中さんが書いた「ぼくの考え、ぼくの心」について「科学が好き」「新しいことへの挑戦」等、多面的に考えているか。

○ 日常的な活動や教材の学習から、自分のよさを見いだし、伸ばしていきたいという思いをもっているか。

○ 中心発問で出された意見を座席表等で記録し、評価する。また、自己の振り返りで自分のよさについて書いたことや発表したことの内容からも評価する。

6年 未来を変える挑戦—スティーブ・ジョブズ—

出典：廣あ

A5 希望と勇気、努力と強い意志 | 主題名 **夢を実現するためには**

1 ねらい

希望と勇気をもち、困難があってもくじけずに努力して物事をやり抜こうという態度を育てる。

2 教材の概要

本教材は、実業家スティーブ・ジョブズがスマートフォンやタブレット端末を世に送り出すまでの話である。ジョブズは新型パソコンを開発するも、人々に受け入れられず、会社を追い出される。しかし、「だれもが使えるコンピュータ」の開発を目指して挑戦を続け、希望を捨てずに自分の道を進んでいった。

3 教材を生かすポイント

○ 導入では、「将来の夢や目標はありますか」と問いかけ、ジョブズも同じように夢を抱いて努力していたことを紹介する。その後、学習テーマを設定し、ジョブズがどのようにして自分の夢を実現させたか、問題意識をもって教材文を読むようにする。

○ ジョブズが興した会社や開発した製品は、児童にとって身近なものであり、知っていることをたくさん発表させたい。また、スマートフォンを発表したときの動画や、スタンフォード大学卒業式でのスピーチ動画などを見せることも効果的である。

4 本授業の展開

学習活動と主な発問等	●指導の手立て ◆板書の工夫
1 自分の夢について考えた後、スティーブ・ジョブズについて知っていることを話し合う。	● ジョブズが「だれもが個人で使えるようなコンピュータを開発しよう」という夢をもっていたことについて紹介し、問題意識をもたせる。**1**
夢を実現するために大切なことは何だろう。	
2 教材「未来を変える挑戦—スティーブ・ジョブズ—」を読んで話し合う。 **Q1** 会社を追われ、部屋に閉じこもっていたジョブズはどんな気持ちだったでしょう。**2-1** **Q2** ジョブズはどんな思いで再びコンピュータの世界に戻ってきたのでしょう。**2-2** **Q3** 挑戦を続け、夢を実現させたジョブズのことをどう思いますか。**2-3** **3** 学習を通して学習テーマについて考えたことを発表し合う。	◆ 学習テーマは黒板上に横書きで板書し、児童の視覚に訴えかけるようにする。 ● 夢を追うがゆえに困難に直面したジョブズの気持ちを考えさせる。 ● ジョブズの決して希望を捨てない心の強さや、夢の実現に向けて挑戦を続けたことについて考えさせる。 ● 希望をもち続け、くじけずに努力してやり抜くことの大切さを確認する。 ● ワークシートに自分の考えを記入させ、交流させる。 ◆ 児童の考えは黒板の中心に板書する。
4 スタンフォード大学卒業式でのスピーチ文を読む。	● 「大好きなことを探し続けてください」という部分に注視させる。

未来を変える挑戦 —スティーブ・ジョブズ—

夢
・サッカー選手
・医者になって助ける

スマートフォン
タブレット端末

夢を実現させるために大切なことは何だろう

1　だれもが個人で使えるようなコンピュータを開発しよう

新型 PC を開発したときの写真

・くじけずに努力をし続ける
・自分の好きなことや目標をいつも意識する
・何があってもあきらめずに、よりよい自分を目指し続ける

2-2

スマートフォンを発表したときの写真

2-1
・もうにげだしてしまいたい
・自分にはできないのだろうか
・仕事はクビになり、すべてを失ってしまった
・コンピュータ開発はあきらめようかな

2-2
・ここであきらめてたまるか
・自分の夢を実現させるだれもがコンピュータを使えるようにしたい
・また会社をおこして努力を続けよう
・自分の大好きなことを続けたい

2-3
・自分の道を進み続けてすごい
・ジョブズのように自分の好きなことを続けたい

2

Q1・Q2では、パソコン開発当初のジョブズとスマートフォン発表時のジョブズの気持ちを吹き出しにして、対比的に縦書きで板書する。黒板中央はスペースを空けておく。

3

Q3で出た児童の考えは黒板左のジョブズの写真の下に板書する。学習活動3で記述した考えは、黒板中央のテーマの下に横書きで板書し、本時の内容を振り返られるようにしたい。

1

導入では、ジョブズの写真と吹き出しを掲示し、児童の夢やジョブズについて知っていることを板書する。その後、教材名を右端に、テーマは黒板中央に横書きで板書するようにする。

準備するもの・作り方

○ ワークシート
　　6-05-1
○ ジョブズの写真2点（教科書掲載のものを活用するとよい）
○ 吹き出し
　　6-05-2

ICT の活用

○ スマートフォンを発表した当時の動画や、大学の卒業式のスピーチ動画などを見せることも効果的であると考えられる。

評価のポイント

○ 自らと向き合い、希望を捨てずに自分の夢を実現させようというジョブズの思いについて考えていたか。
○ 自分にとって夢や目標を達成させるために大切なことを振り返って考えていたか。
○ 話合い活動での発言やワークシートへの記述などから見取る。

iPS細胞の向こうに

6年 教材名

出典：日文

A5 希望と勇気、努力と強い意志 ｜ 主題名 **終わりなき挑戦**

1 ねらい

より高い目標に向かって、あきらめずに努力して物事をやり抜こうとする心情を育てる。

2 教材の概要

本教材は、ノーベル生理学・医学賞を受賞した山中伸弥さんの話である。山中さんは、困難だと言われていたiPS細胞をつくり出す研究に取り組む。何度も失敗したり、悩んだりしながらも、病気や怪我に苦しむ人々を救いたいという思いで研究を続け、世界で初めてiPS細胞をつくることに成功する。

3 教材を生かすポイント

○ 導入では、児童の経験を振り返らせ、山中さんの生き方に学んでいくことについて問題意識をもたせる。また、iPS細胞とはどのようなものか、簡潔に説明してから教材文を読むようにする。

○ 悩みながらも研究を続ける決意を固める部分が本教材の中心となる。病気や怪我で苦しむ人を救いたいという山中さんの信念に気付かせ、決して諦めずに努力を続けることの大切さについて考えさせたい。

○ 自己の振り返りでは、導入で考えた自身の経験を想起させたい。

4 本授業の展開

学習活動と主な発問等	● 指導の手立て ◆ 板書の工夫
1 諦めずに努力してやり抜いた経験について考える。	● 山中さんの功績やiPS細胞について、写真を見せて簡潔に説明する。
あきらめずに物事をやり抜くにはどんなことが大切なのだろう。	
2 教材「iPS細胞の向こうに」を読んで話し合う。 **Q1** 研究が認められず、研究をやめようかと思っていた山中さんはどんな気持ちだったでしょうか。 **2-1** **Q2** 研究を続ける決意を固めた山中さんにはどんな思いがあったのでしょうか。 **2-2** **Q3** 山中さんが「成功＝完成ではない」と考えているのは、どんな考えからでしょうか。 **2-3** **3** 学習を通して学習テーマについて考えたことを発表し合う。	● 山中さんにも弱気になり諦めかけた経験があったことに気付かせる。 ● 研究を続けることを決意するに至るまでにどのような心情の変化があったのかを考えさせる。 ◆ 山中さんの心情の変化を上下に板書に表す。 ● 昔からより高い目標を設定し、努力を続ける山中さんの向上心に気付かせる。 ● 導入で考えたことを想起させ、ワークシートに自分の考えを記入させる。
4 山中さんが好きな「塞翁が馬」ということわざの意味について知る。	● 一喜一憂せずに努力を続けることの大切さについて確かめる。

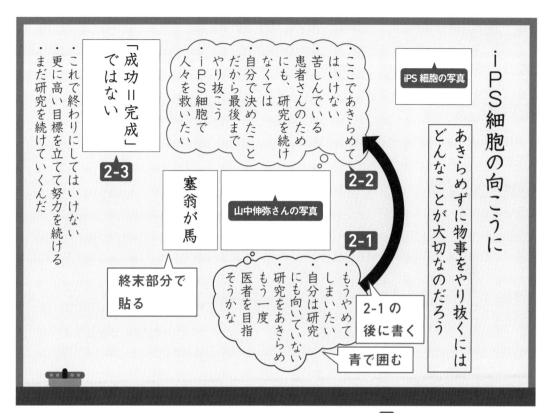

iPS細胞の向こうに

あきらめずに物事をやり抜くには
どんなことが大切なのだろう

2-1 の
後に書く

青で囲む

iPS 細胞の写真

山中伸弥さんの写真

2-1
・もう
　やめて
　しまいたい
・自分は研究
　にも向いていない
・研究をあきらめ
　もう一度
　医者を目指
　そうかな

2-2
・ここであきらめて
　はいけない
・苦しんでいる
　患者さんのため
　にも、研究を続け
　なくては
・自分で決めたこと
　だから最後まで
　やり抜こう
・iPS細胞で
　人々を
　救いたい

塞翁が
馬

終末部分で
貼る

2-3
「成功＝完成」
ではない

・これで終わりにしてはいけない
・更に高い目標を立てて努力を続ける
・まだ研究を続けていくんだ

1

児童の経験を黒板右に板書し、iPS 細胞の写真を黒板右に、山中さんの写真を黒板中央に掲示する。その後、学習テーマと教材名を右側に板書する。

2

Q1 では山中さんの弱気な気持ちを写真下に、Q2 では研究を続けようと決心した前向きな気持ちを写真上に板書し、それぞれ青と赤で吹き出しを囲む。下から上に矢印を書いて心情の変化を表す。

3

終末では「塞翁が馬」という文字を貼付し、意味について解説するとともに、山中さんが大切にしてきた言葉であることについても触れておきたい。

前向きな気持ちは上に板書する。

評価のポイント

○ 研究をやめるか続けるか悩む山中さんの気持ちを考え、決心に至る心情の変化を捉えていたか、発言や姿から見取る。

○ あきらめずに物事をやり抜くことの大切さについて、自分の考えをワークシートに書いているか。

○ 話合い活動での発言やワークシートへの記述などから見取る。

準備するもの・作り方

○ ワークシート
　🔴 6 –06– 1

○ iPS 細胞と山中さんの写真（教科書掲載のものを活用するとよい）

○ 短冊 2 点
　🔴 6 –06– 2 、 3

板書を生かして盛り上げる工夫

○ 実際の iPS 細胞の写真を見せることで、山中さんに自我関与しやすくする。

○ 山中さんの写真を中心に、弱気で悩む気持ちは下に、研究を続けようと決意を固めた

6年

教材名

天から送られた手紙

出典：教出、日文5年

| A6 | 真理の探究 | 主題名 | 真理を探究する |

1 ねらい

真理を見つけたときの喜びを理解し、物事を探究していこうとする心情を育てる。

2 教材の概要

本教材は、雪の研究で世界的に有名な中谷宇吉郎の話である。雪による被害を予防したいと考えていた宇吉郎は、雪の結晶の写真集をきっかけに、雪の研究を始める。零下15度の十勝岳で観測したり、小さな実験装置を作ったりして研究を重ね、ついに人工雪を作ることに成功する。これにより、交通や農作物の被害対策が立てられるようになった。

3 教材を生かすポイント

○ 導入では、雪の結晶の写真を児童に見せるとともに、中谷宇吉郎の功績について簡潔に説明し、宇吉郎がどのようにして研究を進めたのか、児童に問題意識をもたせる。

○ 宇吉郎が人工雪作りに奮闘する場面が本教材の中心発問となる場面である。宇吉郎の真理を探究しようとする思いを児童が豊かに考えられるよう、写真を活用する。

○ 本教材は、A5「希望と勇気、努力と強い意志」に話が逸れてしまう可能性がある。設定したテーマを児童に意識させつつ、話合いを進めていく。

4 本授業の展開

学習活動と主な発問等	●指導の手立て ◆板書の工夫
1 雪の結晶の写真を見て、中谷宇吉郎について知り、本時のテーマを設定する。	● 雪の結晶や中谷宇吉郎の写真を用意し、宇吉郎の功績について簡潔に説明し、本時のテーマを設定する。
中谷宇吉郎はどのようにして雪のなぞを解き明かしたのだろう。	
2 教材「天から送られた手紙」を読み、話し合う。 **Q1** 宇吉郎はどんな思いで雪の研究を始めたのでしょうか。 **2-1** **Q2** 宇吉郎が何度も失敗しながら雪の研究を続けられたのは、どんな考えからでしょうか。 **2-2** **Q3** 「雪は天からの手紙である」という宇吉郎の言葉にはどんな思いが込められているでしょうか。 **2-3** **3** 中谷宇吉郎の生き方から学んだことについて考える。	● 研究のきっかけとなった雪の結晶の写真に宇吉郎が心を動かされたことを捉えさせる。 ● 様々な方法を試していくことで真理の探究につながることに気付かせる。 ● 補助として、研究がうまくいかずに悩む宇吉郎の気持ちも考えさせたい。 ◆ 研究に取り組む宇吉郎の写真の周りに、吹き出しを使って宇吉郎の研究に対する思いを板書する。 ● ワークシートに自分の考えを記入させ、交流させる。
4 「雪は資源である」という宇吉郎の言葉と、利雪（雪が現在の生活に役立てられていること）について知る。	● 農作物の貯蔵や観光など、資源として雪が現在の生活にも役立てられていることを紹介する。

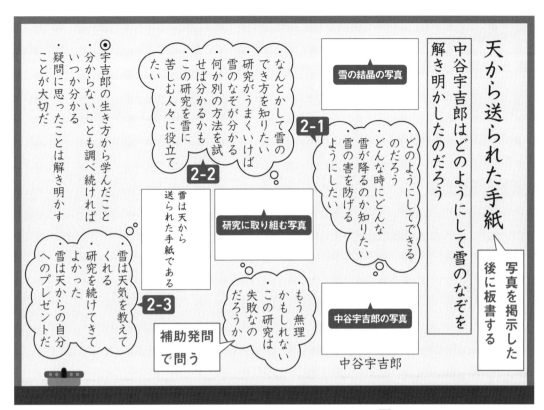

3

Q3 では「雪は天から送られた手紙である」という短冊を掲示し、宇吉郎が言葉に込めた思いを板書する。児童がワークシートに記入し、発表した考えは箇条書きで板書する。

2

Q2 では研究に取り組む宇吉郎の写真を黒板中央に掲示し、吹き出しを使って宇吉郎の考えを視覚的にまとめる。真理を探究しようとする思いは黒板上、悩む様子は下など、構造的に板書する。

1

導入では雪の結晶の写真を黒板右側に掲示する。宇吉郎の写真は **Q1** で活用するため、教材名とテーマを黒板右端に板書できるよう、掲示する。

準備するもの・作り方

○ 雪の結晶と中谷宇吉郎の写真
○ ワークシート
　　🔴 6 -07- 1
○ 短冊
　　🔴 6 -07- 2

板書を生かして盛り上げる工夫

○ 雪の結晶の写真は黒板の右に掲示して、児童の視覚に常に入るようにしておく。
○ 研究に取り組む宇吉郎の写真を黒板中央に掲示し、吹き出しを使って宇吉郎が考えていたことを構造的に板書する。

評価のポイント

○ 研究がうまくいかずに悩む宇吉郎の気持ちや、宇吉郎を支えた真理を探究しようとする思いについて考えているか。
○ 宇吉郎の生き方から学んだことについて自分の考えを表しているか。
○ 話合い活動での発言やワークシートへの記述などから見取る。

教材名
日本植物分類学の父—牧野富太郎—

出典：光村

A 6　真理の探究	主題名　真の姿を求めて

1　ねらい

真理を大切にし物事を探究しようとする実践意欲や態度を育てる。

2　教材の概要

牧野富太郎は、高知県に生まれ、幼少時から植物の観察に熱中した。東京で研究を始めると、ますます意欲を燃やし、日本にはないとされたムジナモを発見した。さらに、それまでは知られていなかった、ムジナモに花が咲くことを明らかにした。その後も植物の研究を熱心に続け、数多くの新種を発見し、1500以上に名前を付け、日本植物分類学の父と呼ばれている。

3　教材を生かすポイント

○ 事前に、最近興味や関心があり、調べてみたいことにはどんなものがあるかについてアンケートを行い、結果を提示する。

○ 本来人は、探究心や向上心をもっているはずなのに、「探究しようとしない人がいるのはなぜか」と揺さぶりをかけることで、真理を追い求めることの難しさも感じさせるようにしたい。

○ 「探究心がないと、人々の生活はどのようなものになってしまうか」を問い、想像させることで、児童が探究心をもつことの大切さを感じることができるようにしたい。

4　本授業の展開

学習活動と主な発問等	●指導の手立て　◆板書の工夫
1 現在の自分について考える。 **Q1**「調べたい」「探究したい」と興味をもっているものはありますか。**1**	●事前アンケートを行い、今興味があること、調べてみたいことを調べておく。
物事を探究するために、大切なことは何だろう。	
2 教材「日本植物分類学の父—牧野富太郎—」を読んで話し合う。 **Q2** 牧野富太郎の生き方について、どんな感想をもちましたか。**2-1** **Q3** 富太郎には、迷いや不安はなかったのでしょうか。**2-2** **Q4** 富太郎を行動させたものは何でしょうか。**2-3** **3** これまでの自分を振り返り、探究するときの気持ちについて考える。	●感じたことを自由に発言させ、その発言から富太郎の姿勢の特徴的な点に触れ、探究するために大切なことについて考えることができるようにする。 ◆富太郎のような業績を残した人でも、迷いや不安などの人間的な弱さをもっていたことを押さえ、板書する。 ●富太郎の学者としての心の根底にある思いや考えについて交流させる。 ●**Q4**での話合いや自分のこれまでの経験を踏まえて考えるようにする。
4 本時の学びで、これからの自分の生活場面に生かしていきたいことをワークシートに書き、発表する。**4**	●これからの自分に生かしていきたいことを書いたり、発表したりすることで、よりよい自分の具体的な行動について考えることができるようにする。

物事を探究するために、大切なことは何だろう

1
「探究」……物事の意義、本質を探って見極めること。
算数 科学 生物 言葉……

2-1
日本植物分類学の父 牧野富太郎
・観察する力がすごい
・自分の意思をしっかりもっている
・自然を愛している
・好奇心旺盛
・行動力と粘り強さ

2-2
弱さ
富太郎を行動させたものは何か
↕
家はどうなる？
一人で不安
貧しい
失敗したら……

2-3
・植物への思い
・物事を知る喜び
・達成感
・社会に貢献したいという心

4
これからの生活
・○○（興味をもったもの）について調べてみたい。
・疑問をもったら、そのままにしない。
・もっとよくできないかという思いを大切にする。

3
Q3と対比させて板書し、真理を探究する心は何に支えられているのか考える。「富太郎が他の職業ならどうだったか」と問い、どんな物事でも思いが大切であることを押さえる。

2
牧野富太郎のようなすばらしい業績を残した人でも、自分たちと同じように迷いや不安など、人間的な弱さがあることを押さえて板書し、中心発問を考える必要性を高めることができるようにする。

1
教材を読んで児童が考えたこと、感じたことなどを自由に発言させ、その発言から本時の学習テーマを確認することで、児童の課題意識を高めることができるようにする。

準備するもの・作り方

○ 事前アンケート（どんなことに興味があるか、調べたいこと）の結果を提示する。
○ ワークシート
　　💿 6-08-1

板書を生かして盛り上げる工夫

○「人間の弱さ」と「富太郎を行動させたもの」を対比させて板書することで、人間の弱さを乗り越えて自分の夢や目標を達成させた富太郎の生き方について考えることができるようにする。

評価のポイント

○ 富太郎の心の根底にある思いや考えについて交流することで、富太郎が植物学者としての深い思いに突き動かされたことを踏まえ、探究する心について多面的・多角的に考えているか。
○ 自分はこれまでに、何かを知りたいという思いで物事をやり遂げたことがあったかと、自分を見つめて考えているか。
○ 真理を求めて探究することの意義について考え、自分も物事を探究する心をもちたいと、具体的に考えているか。

教材名
最後のおくり物

出典：学研、日文、光村

| **B1** | **親切、思いやり** | 主題名 | **大切な人のために** |

1 ねらい

相手のことを考え、親身になって助けようとする心を育てる。

2 教材の概要

ロベーヌには俳優になる夢があったが、お金がなく、養成所をのぞいてメモを取っていた。そして、ジョルジュじいさんはその姿を見ていた。ある日ロベーヌの家に差出人が分からないお金が届き、そのお金で養成所に通うことができた。しかしお金が届かなくなり、ロベーヌは困る。倒れたジョルジュじいさんがお金を届けていたことを知り、亡くなったじいさんの最後のおくり物に涙する。

3 教材を生かすポイント

○ 本教材で描かれているロベーヌに対するジョルジュじいさんの思いやりと、それに気付いたロベーヌの後悔、そしてロベーヌの感謝など登場人物の心情について話し合うことで、親切な行動をしようとする気持ちをつかませたい。

○ 登場人物のそれぞれの立場や思いについて捉えることで、登場人物の人間関係とその場の状況を複眼的に捉え、相手の立場を推し量ることを中心に話合いを進め、思いやりや親切について考えさせたい。

4 本授業の展開

学習活動と主な発問等	●指導の手立て ◆板書の工夫
1 おくり物をもらったときの経験を想起する。	● おくり物に込められた思いについて、誰のどんな思いがあるのか考えさせる。
2 教材「最後のおくり物」を読んで話し合う。	● 教材から感じたことを基に話合いのテーマへとつなげる。
最後のおくり物に込められた思いとは何か。	
Q1 ロベーヌはおくり物をもらったとき、どんな思いだったでしょう。 **2-1**	◆ ロベーヌとジョルジュじいさんの思いをそれぞれの立場で示していく。
Q2 ジョルジュじいさんが無理をしてでもおくり物をしたのはどうしてでしょう。 **2-2**	● 最後のおくり物によってロベーヌが感じたことと、そこから何を考えたのか話し合わせる。
Q3 ロベーヌがおくり物から得たものは何でしょう。 **2-3**	
3 助けられたり、親切にされたりする気持ちを知り、何ができるか話し合う。 **3**	● 親切な思いを受けて、何ができるか考える。
4 教師の話を聞く。	● 教師が親切を受けた経験から、自分の気持ちが変わった体験談を話す。

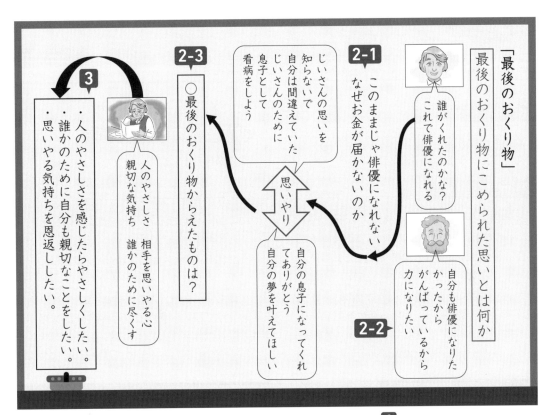

「最後のおくり物」

最後のおくり物にこめられた思いとは何か

2-1
このままじゃ俳優になれない
なぜお金が届かないのか

誰がくれたのかな？
これで俳優になれる

じいさんの思いを
知らないで
自分は間違えていた
じいさんのために
息子として
看病をしよう

2-3
○最後のおくり物からえたものは？

人のやさしさ　相手を思いやる心
親切な気持ち　誰かのために尽くす

3
・人のやさしさを感じたらやさしくしたい。
・誰かのために自分も親切なことをしたい。
・思いやる気持ちを自分も恩返ししたい。

思いやり

自分の息子になってくれ
てありがとう
自分の夢を叶えてほしい

自分も俳優になりた
かったから
がんばっているから
力になりたい

2-2

1
ロベーヌの心情の変化について、おくり物をもらったときから、届かなくなったとき、じいさんが倒れたときと、視覚的に示していく。

2
ロベーヌとジョルジュじいさんのそれぞれの思いを複眼的に捉える。それぞれの思いを話し合った上で、主発問につなげる。

3
思いやりや親切という言葉にとらわれず、登場人物の行動から感じることを挙げさせたい。

たことをそのまま示すことで、相手の気持ちや立場について考えていることにつなげていく。

準備するもの・作り方

○ ワークシート
　　6 -09- 1
○ 場面絵3点
　　6 -09- 2 ～ 4

板書を生かして盛り上げる工夫

○ ロベーヌの心情の変化を場面ごとに追いながら、ジョルジュじいさんのロベーヌに対する思いとお互いを思いやる気持ちがあることを構造的に示す。
○ 思いやる気持ちの根底にある思いは教師がまとめるのではなく、教材から児童が感じ

評価のポイント

○ ロベーヌがジョルジュじいさんからもらったおくり物から何を得たのかを考えることを通して、思いやりの根底にある気持ちについて考えているか、発言やノート、ワークシートの記述から見取る。
○ 本時で学習した大切な思いを踏まえ、これからの生活の中で親切や思いやりのある行動に生かそうとしているか、ノートやワークシートの記述から評価する。

6年 父の言葉

出典：教出

B1 親切、思いやり 　主題名 相手の気持ちを考えて

1 ねらい

思いやりのある行動をするために、相手の気持ちを考えようとする心情を育てる。

2 教材の概要

黒柳徹子さんは幼い頃に病気で入院していた。病院には同じ病気で入院している女の子がいた。黒柳さんは退院して松葉杖なしで歩けるようになった。同じ病気の女の子が赤い松葉杖をついて歩いているところに出会った。それ以来、赤い松葉杖の子を見かけると姿を見せないようにしていた。それを見ていた父は「かわいそうだと思うなら、隠れないで、行ってお話し

てあげなさい」と言った。

3 教材を生かすポイント

○ 黒柳さんが赤い松葉杖の子の前に出られなかった気持ちと父の言葉を比較して、思いやりのある行動とはどちらなのか話し合うことで、本当の思いやりとは何かを考えることができる。

○ 教材の中で幼い頃には分からなかったことが、大人になってから父の言うことが分かるようになる。しかし、児童の今の思いについて話し合うため、今の自分だったらどちらの行動を選択するのか話し合わせることで、相手の思いを考えさせたい。

4 本授業の展開

学習活動と主な発問等	●指導の手立て　◆板書の工夫
1 思いやりのある行動のために何が大切なのか話し合う。 **1**	● 思いやりのある行動には、相手の気持ちを考えることが大切であると押さえる。
2 教材「父の言葉」を読んで話し合う。	● 教材から感じたことを基に話合いのテーマへとつなげる。
思いやりがある行動とは何だろう。	
Q1 黒柳さんが赤い松葉杖の子を見たときの思いは何でしょう。 **2-1** **Q2** 父の言葉の思いは何でしょう。 **2-2** **Q3** 黒柳さんの行動と父の言葉のどちらが、思いやりがあるでしょう。 **3** 自分だったら赤い松葉杖の子の前に出て話すか、話し合う。 **3**	◆ 二項対立ではないが、黒柳さんの行動と父の言葉にある相手への思いを明らかにする。 ● 二つの思いのどちらにも思いやりがあることに気付かせる。 ◆ 今の自分が黒柳さんと同じ立場だったらどうするかワークシートに書いてから、ネームプレートを貼る。
4 本時の学習のまとめとして、学習の感想を書く。	● 話合いの結果、意見が変わった場合はネームプレートを裏返して貼る。

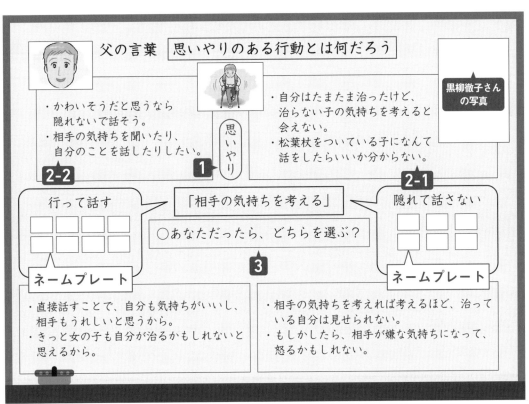

3

自分だったらどうするのかという立場を明らかにすることで、本時の学習のまとめと感想を話し、思いやりのある行動について考えていく。

1

思いやりのある行動には、相手の気持ちを考えることが大切であると押さえた上で、本時の授業を進める。

2

両方の立場の思いを考えることを通して、根底には相手の気持ちを考えていることを明らかにした上で、次の発問へつなげる。

○ 二項対立のような板書を示すが、あくまで思いやりの根底にあるのは、相手の気持ちを考えたことであることを明らかにし、父の言葉も黒柳さんの行動も思いやりがあると捉えさせたい。

準備するもの・作り方

○ ワークシート
　　💿 6-10-1
○ 場面絵2点
　　💿 6-10-2、3
○ 黒柳徹子さんの写真
○ ネームプレート（裏表で色違いのもの）

板書を生かして盛り上げる工夫

○ 児童にそれぞれネームプレート（マグネット）を持たせ、自分だったらどうするのか立場を明確にして意見発表をすることで、自分事として考えることができる。

評価のポイント

○ 相手の気持ちを考えた行動を多面的・多角的に捉えているかをネームプレートや発言、ワークシートへの記述で見取る。
○ 思いやりのある行動のそれぞれのよさに気付き、自分の考えが変容したことや変容しなかったことも併せて、学習のまとめの感想をワークシートへの記述から評価する。

6年

教材名
五十五年目の恩返し

出典：光村

B2 感謝	**主題名** 感謝の心を伝えるために

1 ねらい

日々の生活が多くの人々の支え合いや助け合いで成り立っていることに感謝の心をもつとともに、自分にできることを考え真心を込めてそれに応えようとする意欲と態度を育てる。

2 教材の概要

まことは、阪神・淡路大震災救援のための「スギハラ基金」を知った。杉原千畝は、国に背いて2000枚以上もビザを発給し、ユダヤ人の命を救った。ユダヤ人団体が55年前の杉原の行動に感謝の念を表し、基金を設置したことに、まことは深い感動を覚えた。

3 教材を生かすポイント

○ ユダヤ人難民の気持ちを共感的に考え、それを救おうとする杉原千畝の思いを話し合い、杉原の深い人間愛とそれに感謝するユダヤ人の思いに気付かせたい。

○ まことが自分を取り巻く大きな感謝の連鎖に思いが至ったことについて考えさせたい。「ユダヤ人の援助に対して、まことは当たり前だと思っているのだろうか」と揺さぶり、まこともユダヤ人の恩に応えたいと思ったのではないかということに気付かせたい。その上で、自分にできることは何かを考えることができるとよい。

4 本授業の展開

学習活動と主な発問等	●指導の手立て ◆板書の工夫
1 どのように感謝の気持ちを伝えているかについて想起する。	● 日常生活を振り返り、家庭、学校、地域など、感謝の対象を意識させる。
感謝の思いは、どのように伝えればよいのだろう。	
2 教材「五十五年目の恩返し」を読んで話し合う。 **Q1** 杉原からビザの発給を受けたユダヤ人たちはどんな思いだったでしょうか。 **2-1** **Q2** 杉原は、ユダヤ人に対してどんな思いをもっていたでしょう。 **2-2** **Q2** まことが、この話から学んだことは何でしょう。 **2-3** **3** これまでの自分を振り返り、感謝の気持ちを伝えるのに大切なことについて考える。	◆ 55年もの時を経て、杉原への恩を忘れず、資金援助を申し出たユダヤ人の思いと、杉原の人間尊重の精神に気付かせ、並べて板書する。 ● ユダヤ人と杉原の時を超えたつながりだけでなく、自分を取り巻く大きな感謝の連鎖に気付かせる。 ● 日常の生活や人々との関わりの中で、自分を支えてくれる大切なものがあることに気付かせ、周囲のために尽くしていこうとする意欲をもたせる。
4 本時の学びで、これから自分の生活に生かしていきたいことをワークシートに書き、発表する。 **4**	● 今後の自分に生かしたいことを書いたり発表したりし、よりよい具体的な行動を考えるようにする。

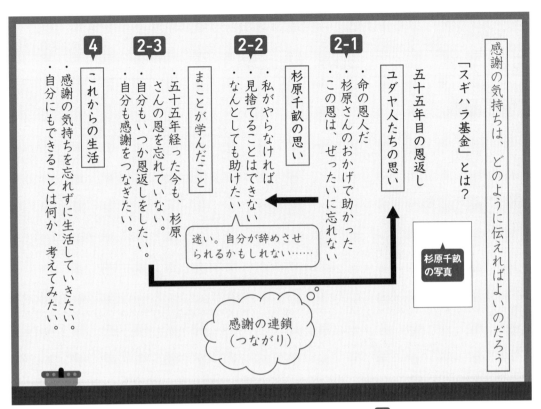

4
これからの生活
・感謝の気持ちを忘れずに生活していきたい。
・自分にもできることは何か、考えてみたい。

2-3
まことが学んだこと
・五十五年経った今も、杉原さんの恩を忘れていない。
・自分もいつか恩返しをしたい。
・自分も感謝をつなぎたい。

2-2
杉原千畝の思い
・私がやらなければ
・見捨てることはできない
・なんとしても助けたい

迷い。自分が辞めさせられるかもしれない……

感謝の連鎖
（つながり）

2-1
五十五年目の恩返し
ユダヤ人たちの思い
・命の恩人だ
・杉原さんのおかげで助かった
・この恩は、ぜったいに忘れない

杉原千畝
の写真

「スギハラ基金」とは？

感謝の気持ちは、どのように伝えればよいのだろう

3
まことは、ユダヤ人の感謝の思いだけでなく、自身を取り巻く感謝の連鎖に感動している。自分自身に引き付けて、様々な人の思いや支えがあって生きていることに気付かせたい。

2
迫害に苦しむユダヤ人にビザを発給し続けた杉原の思いを感じさせたい。杉原の心にあったであろう人間的な弱さ（領事を辞めさせられるかもしれない不安）も押さえ、板書する。

1
「ビザを求めてやって来たユダヤ人はどんな思いだったか」「杉原千畝はどんな思いでビザを書き続けたか」などと問い、それを並べて板書することで、両者の思いを押さえる。

準備するもの・作り方

○ ワークシート
🔵 6-11-1
○ 杉原千畝の写真

板書を生かして盛り上げる工夫

○ 当時のユダヤ人の杉原への深い感謝の気持ち、さらに、まことの「スギハラ基金」への感謝の気持ちが連鎖して分かるよう、矢印で流れを示しながら構造的に板書していくとよい。

評価のポイント

○ まことがどのように考えたのかを交流することを通して、時を超えた感謝だけではなく、感謝の連鎖によって今の自分があることに気付いているか。

○ 自分の生活を振り返り、多くの人々の支えがあって今の自分があることに感謝し、自分もそれに応えていこうとする考えをもっているか。

○ 人々の支えに感謝し、これからの生活で自分に何ができるかを具体的に考えているか。

6年 人間をつくる道—剣道—

出典：学図、日文

B3　礼儀　｜　主題名　**礼儀正しさとは**

1　ねらい

礼儀正しくすることの大切さに気付き、時と場合をわきまえて真心をもって接する態度を育てる。

2　教材の概要

剣道に興味をもち、稽古に通う主人公が、細かい決まり事に戸惑いを感じながらも、試合での勝利に向けて稽古を積み重ねる。試合に敗れた後、引き上げの際に先生に注意され、大人の試合を見学する中で、日本人が大切にしてきた礼儀正しさについて実感する。主人公は、先生の話を通して「人間をつくる道」について気付いていく。

3　教材を生かすポイント

○ 剣道という我が国古来の武道を通して、礼儀正しさについて、自分との関わりの中で考えさせることができる。

○ 主人公の考えと試合をしている大人の考えを比較することを通して、剣道において、礼儀正しくすることの大切さについて捉えることができるようにしたい。

○ 剣道のみならず、挨拶などの礼儀は社会生活で欠くことのできないものであることも押さえ、礼儀作法の形に込められた相手を尊重する気持ちも捉えさせたい。

4　本授業の展開

学習活動と主な発問等	● 指導の手立て　◆ 板書の工夫
1 映像資料などを使って、実際の剣道の試合を視聴する。	● 剣道のルールの説明に終始せず、礼儀を重んじていることをつかませる。
2 教材「人間をつくる道—剣道—」を読んで話し合う。	● 本時は、礼儀について学ぶことを知らせる。
礼儀正しさとは？	
Q1「ぼく」は、試合前、どんな気持ちで剣道に取り組んでいたでしょう。**2-1** **Q2**「ぼく」は、大人の試合を見て、どんな思いをもったでしょうか。**2-2**	● 勝ちたいという気持ちが勝り、礼儀を軽んじていたことを捉えさせる。 ● 負けて悔しいはずなのに、なぜ礼儀を重んずるのかについて考えさせる。
Q3「ぼく」は、試合後、先生の話を聞いて、どんな思いをもったでしょうか。**2-3**	●「礼に始まり、礼に終わる」という先生の言葉から、礼儀について深く考えさせる。 ◆ 心情曲線を用いて、「ぼく」の礼儀に対する意識の高まりをつかませる。
3 時と場をわきまえ、真心を込めて接したときの気持ちについて話し合う。	● 礼儀を意識すると、自分も相手も気持ちがよいことを捉えさせる。
4 礼儀正しく接する児童について感じたことを、校長先生から聞く。	● 校長先生の話を通して、礼儀に対する意識を高め、余韻を残して終わらせる。

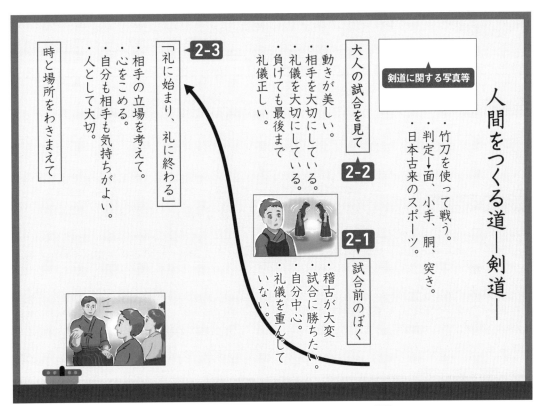

人間をつくる道―剣道―

剣道に関する写真等

・竹刀を使って戦う。
・判定→面、小手、胴、突き。
・日本古来のスポーツ。

2-2 大人の試合を見て
・動きが美しい。
・相手を大切にしている。
・礼儀を大切にしている。
・負けても最後まで礼儀正しい。

2-1 試合前のぼく
・稽古が大変
・試合に勝ちたい。
・自分中心。
・礼儀を重んじていない。

2-3 「礼に始まり、礼に終わる」
・相手の立場を考えて。
・心をこめる。
・自分も相手も気持ちがよい。
・人として大切。

時と場所をわきまえて

3

Q3では、「ぼく」の礼儀に対する気持ちの高まりを心情曲線に記入していく。その後、礼儀について自分なりの考えを深められるようにする。

2

Q2では、「ぼく」の考えと大人の考えを比較できるようにする。その際、礼儀について着目させるようにする。

1

Q1では、試合前の「ぼく」の気持ちやその取組み方について、できるだけたくさんの考えを児童から引き出すようにする。

は、道徳科の特質を十分に理解してもらって臨む必要がある。

準備するもの・作り方

○ 剣道に関する映像資料
○ ワークシート
　💿 6-12-1
○ 場面絵2点
　💿 6-12-2、3

ゲストティーチャーを生かす指導

○学習活動4において、校長をはじめ教職員、保護者、地域の人々の参加が考えられる。協力的な指導ができるような年間指導計画を工夫するとともに、参加に当たって

評価のポイント

○「ぼく」が大人の試合を見て礼儀の大切さに気付くことを通して、礼儀正しくするとは何かを考えているか。
○「ぼく」の考えと大人の考えを比較することを通して、礼儀について自分なりにイメージを膨らませ、考えを深めているか。
○児童一人一人の状況を踏まえて、礼儀について考えを深めることができたかを、発言内容などからつかむ。

6年 ロレンゾの友達

出典：学研、廣あ、日文、光村、教出5年

B4　友情、信頼　｜　主題名　**本当の友情**

1　ねらい

　友達の立場や気持ちを理解し、信頼し、互いに助け合って友情を深めていこうとする心情を育てる。

2　教材の概要

　20年ぶりに再会するロレンゾが何らかの罪を犯したかもしれないと知る。アンドレ、サバイユ、ニコライの3人は、三者三様の考えを出し合う。翌日、ロレンゾは無実だったことを警察から聞く。ロレンゾを交えて楽しくお酒を酌み交わす。しかし、3人は話し合ったことを口にすることはなかった。

3　教材を生かすポイント

○「友達がいてよかったと思うのはどんなときか」というアンケートを取っておく。導入で児童の「友達」に対するイメージを共有する。

○「友情を深めるために必要なことは何か」を学習テーマに設定して話合いを深める。

○アンドレ、サバイユ、ニコライの思いの違いを分かりやすく板書する。

○3人のうちの誰に共感するか、その理由を問うことで、自我関与しやすくする。

○中心発問で考えをワークシートに書くことで、じっくり考える時間をもつ。

4　本授業の展開

学習活動と主な発問等	●指導の手立て　◆板書の工夫
1 友達がいてよかったと思うのはどんなときかについて考える。	●事前にアンケートを取っておく。**1** ●過去の経験を想起させる。 ●友達についてのイメージを共有する。
友情を深めるために必要なことは何だろう。	
2 教材「ロレンゾの友達」を読んで話し合う。 **Q1** 3人に共通するロレンゾへの思いは何でしょう。**2-1** **Q2** なぜ、かしの木の下で話し合ったことを3人とも口にしなかったのでしょう。**2-2** **Q3** 友情を深めるために必要なことは何でしょう。**2-3**	●3人の友達、それぞれの考えの違いに気を付けながら読むようにさせる。 ◆3人の考えの違いが分かるように板書する。 ●小グループで話し合う。 ◆発言をまとめて書く。 ●ワークシートに書くことで、じっくり考える時間をもつ。 ◆発言をまとめて書く。 ●根拠を考えさせることで、ねらいに迫れるようにする。
3 友情について、自分自身の経験を振り返って考える。	●穏やかな雰囲気で自己を見つめる時間がもてるようにBGMをかける。
4 教師の説話を聞く。	◆これからの生活でさらに友情が深められるように、期待していることを話す。

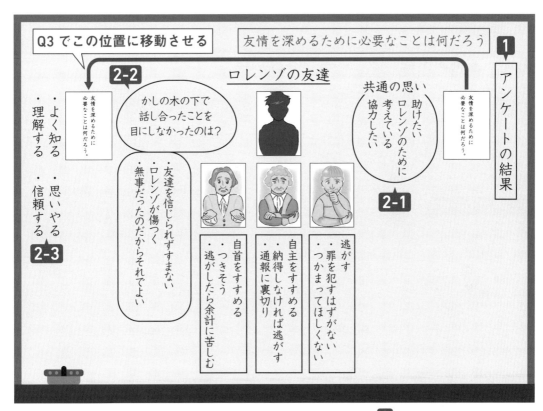

3

Q3 では、テーマの横に発言を書く。根拠も考えさせ、本時の学習を振り返り、ねらいに迫れるようにする。

2

Q2 では、ワークシートに書いたものを発表させ、まとめて板書する。

1

ロレンゾの顔のシルエットと、アンドレ、サバイユ、ニコライの顔の絵の下に、三者三様の考えを書いたものを書く。Q1 の3人に共通する思いをまとめて書く。

準備するもの

○ ワークシート
　🔘 6–13–1
○ テーマを書いた短冊
　🔘 6–13–2
○ 登場人物の顔のイラスト4点
　🔘 6–13–3〜6
○ 穏やかな曲調の BGM

板書を生かして盛り上げる工夫

○ 三者三様の考えと、3人に共通するロレンゾに対する気持ちを分かりやすく書く。
○ 学習テーマについて、キーワードを書く。

評価のポイント

○ 3人に共通する気持ちを共感的に考えることで、友達のことを大切に思いながらも迷う気持ちに気付いているか。
○「なぜ、かしの木の下で話し合ったことを口にしなかったのか」について、気付いたり考えたりしたことをワークシートに書いているか。
○ 友情を深めるために必要なことについて、根拠を明確にして考えているか。
○ 友達の意見や発表を聞きながら、自分の思いや考えを確認したり、広げたりしているか。

6年 言葉のおくりもの

出典：東書、日文、学研5年、学図5年

| B4 友情、信頼 | 主題名 異性との友情 |

1 ねらい

友達と互いに信頼し、学び合って友情を深め、異性についても理解しながら、人間関係を築いていこうとする心情を育てる。

2 教材の概要

すみ子との仲のよいところをたかしにからかわれた一郎は、すみ子と距離を置くようになる。小さいことにこだわらず明るい性格のすみ子は、運動会のリレーで失敗をしたたかしを許したり、一郎の誕生日にすばらしい「言葉のおくりもの」をしたりして、クラスの雰囲気がよくなる。

3 教材を生かすポイント

○ 高学年は、学級全体のまとまりもよくなってくる時期である。この教材を通して、正しい友情の芽を伸ばしていけるように配慮するとともに、友情は性別を超えたものであることにも気付かせたい。

○ 教材に登場するすみ子のような態度が取れる児童は少ないかもしれない。すみ子のような態度を取ることを目指す指導ではなく、すみ子のよさに目を向け、異性について正しく理解し、よりよい人間関係を築いていこうとする気持ちを育むようにする。

4 本授業の展開

学習活動と主な発問等	●指導の手立て ◆板書の工夫
1 よい友達であるためには、どのようなことが大切かについて考える。	● 身近な友達を想起させて、意識を高めていけるようにする。
2 教材「言葉のおくりもの」を読んで話し合う。	● 本時は、異性と協力する大切さについて学ぶことを知らせる。
異性との友情について考えよう。	
Q1 一郎、たかし、すみ子の3人の友情にひびが入った原因は何でしょうか。 2-1	◆ たかしが2人をからかったことや、一郎がすみ子に口をきかなかったことなどを押さえる。
Q2 リレーを失敗したたかしをかばい、励ましたすみ子は、どんな思いをもっているでしょうか。 2-2	● たかしを励ます姿から、友達のことを真剣に思っていることを押さえる。 ● ワークシートに書かせて、じっくりと考えてから、意見を交流させる。
Q3 誕生日に贈った、すみ子の「言葉のおくりもの」を、一郎やたかし、クラスの友達はどう思ったでしょうか。 2-3	● すみ子の友達への態度から清々しい気持ちを感じ取らせ、自分が異性の友達にどう接してきたかを振り返らせる。
3 友達と助け合い、信頼し合うことの大切さについて、話し合い、発表する。	● 具体的な例を多く出させて、よりよい人間関係をつくる大切さに触れる。
4 分け隔てなく、よりよい人間関係を築いた教師の話を聞く。	● 教師が異性と協力して、よりよい人間関係を築いた体験談を話す。

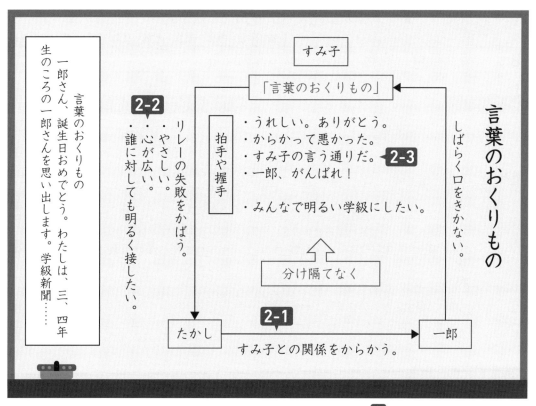

言葉のおくりもの

すみ子

「言葉のおくりもの」

しばらく口をきかない。

2-2
・心が広い。
・やさしい。
・誰に対しても明るく接したい。

リレーの失敗をかばう。

拍手や握手

・うれしい。ありがとう。
・からかって悪かった。
・すみ子の言う通りだ。 2-3
・一郎、がんばれ！

・みんなで明るい学級にしたい。

分け隔てなく

2-1

たかし

すみ子との関係をからかう。

一郎

言葉のおくりもの
一郎さん、誕生日おめでとう。わたしは、三、四年
生のころの一郎さんを思い出します。学級新聞……

2

Q2 では、すみ子が、リレーで失敗したたかしをかばう気持ちを感じ取らせることで、友達のことを真剣に考えているすみ子に自我関与できるようにする。

3

Q3 では、「言葉のおくりもの」を読み終えた後、拍手や握手があったことを押さえて、「なぜ拍手や握手があったのか」と補助発問をするとよい。

1

Q1 では、３人の関係性とあらすじを確認できるようにする。その際、中央にスペースを空けておいて、**Q3** の学習活動で活用できるようにする。

準備するもの・作り方

○ ワークシート
　💿 6−14−1
○ 「言葉のおくりもの」の拡大版

板書を生かして盛り上げる工夫

○ 誕生日の贈り物といえば、例えば、ほしかった物など物質面を考えがちである。そこで、黒板に、すみ子が一郎に贈った「言葉のおくりもの」を貼り、読み聞かせるなどの工夫をすることにより、心情面に訴えることができると考える。

評価のポイント

○ すみ子の、誰に対しても明るく接することのできる性格に触れて、異性との友情で大切なことは何かを考えているか。
○ 場面ごとに変容する登場人物の心情に触れて、自分の生き方を振り返り、自分なりにイメージを膨らませて、考えを深めているか。
○ 児童一人一人の状況を踏まえて、発言内容やワークシートの記述内容からつかむ。

6年

教材名

ブランコ乗りとピエロ

出典：学研、教出、廣あ、光文、日文、学図5年、光村5年

B5　相互理解、寛容　主題名　**分かり合う心と心**

1　ねらい

謙虚な心をもち、広い心で自分と異なる意見や立場を大切にしようとする心情を育てる。

2　教材の概要

サーカス団のリーダーであり、スターであったピエロ。ところが、他のサーカス団から引き抜かれたブランコ乗りのサムにスターの座を奪われてしまう。自分だけがスターだという思いから相手のことを許せず、対立するピエロとサム。しかし、演技に対する互いの姿を見ていくうちに、相手を認め、理解し合っていくのであった。

3　教材を生かすポイント

○ サーカス団、ピエロ、ブランコ乗り等の華やかさや登場人物の表情が豊かに表現されている映像資料も提供されている。児童の実態に応じて、映像の効果的な活用も可能である。

○ 寛容な心をもち分かり合っていくことは、サーカス団の成功＝集団の向上にもつながっていくことを捉えさせたい。

4　本授業の展開

学習活動と主な発問等	●指導の手立て　◆板書の工夫
1「友達との対立や許せなかったこと」についてのアンケート結果を聞く。	●アンケート結果を伝えることで、ねらいとする価値に向き合えるようにする。
互いに許し合える関係になるために、大切なことは何だろう。	
2「ブランコ乗りとピエロ」を視聴し、話し合う。 　**Q1** ピエロの心を変化させたものは、何でしょう。**2-1** 　**Q2** 握手を交わし合う2人から、何が学べるでしょう。**2-2** **3** 互いに許し合える関係になるために大切なことは何か、話し合う。**3** **4** 話合いを生かし、本日のテーマについて自分の考えをまとめる。	●事前に時代背景やピエロとサムの関係を示した上で、視聴させる。 ●相手の考えや立場を理解しようとする心によって、相手への見方や考え方が変わることに気付かせる。 ◆ピエロとサムが握手を交わしている場面絵を用い、役割演技を行う。 ●役割演技での考えを基に、分かり合い、許し合うことについて、考えさせる。 ●分かり合うことで、よりよい関係が築け、それが集団の向上にもつながることを捉えさせる。
5 相田みつを「セトモノ」の詩を聞き、自身の在り方について振り返る。	●詩を紹介することで、「やわらかい心＝謙虚で広い心」の大切さについてまとめる。

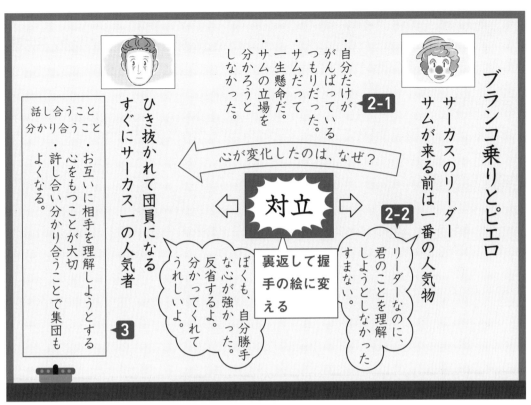

ブランコ乗りとピエロ

サーカスのリーダー
サムが来る前は一番の人気物

2-1
・自分だけが
がんばっている
つもりだった。
・サムだって
一生懸命だ。
・サムの立場を
分かろうと
しなかった。

心が変化したのは、なぜ？

対立

2-2
リーダーなのに、
君のことを理解
しようとしなかった
すまない。

ぼくも、自分勝手
な心が強かった。
反省するよ。
分かってくれて
うれしいよ。

裏返して握
手の絵に変
える

ひき抜かれて団員になる
すぐにサーカス一の人気者

3

話し合うこと
分かり合うこと
・お互いに相手を理解
しようとする
心をもつことが大切
・許し合い分かり合うことで集団も
よくなる。

3

許し合う関係になるために
大切なことについて話し合
い、板書にまとめる。相田
みつをの詩を提示し、読み
聞かせることで、「許し合
う心」について余韻をもた
せて、学習を閉じる。

1

ピエロとサムの場面絵とと
もに、サーカスでの対立関
係を板書で表す。その後、
ピエロの心が変化したのは
なぜかについて考え、板書
する。

2

Q2 の際、「対立」カード
を裏返して「握手」の絵に
変える。その後、ピエロと
サムの役割演技を通して出
された考えを板書する。

準備するもの・作り方

○「ブランコ乗りとピエロ」の映像教材
○ ワークシート
　🔘 6-15-1
○ イラスト2点
　🔘 6-15-2、3
○「対立」と「握手」を両合わせにしたカード
　🔘 6-15-4-1、2
○ 相田みつをの詩「セトモノ」

ICT の活用

○ 映像教材は、物語の状況や登場人物の表情
　が視覚で捉えやすい。さらに、ICT を活用

することで、場面ごとに提示する等、効果
的な活用を工夫したい。

評価のポイント

○ サムの真剣な姿を知り、理解することで、
　自身にも傲慢な態度があったと気付き、謙
　虚な心で相手を許せるようになったピエロ
　の心の変容を、事前に示した条件と出され
　た意見を整理して示し、考えさせる。
○ ピエロの心の変容を押さえた上で、2人が
　握手を交わした場面をそれぞれの役になっ
　て演技することにより、互いに分かり合
　い、許し合う心が捉えられる。

6年 教材名 銀のしょく台

出典：学図、東書、学研5年、教出5年

B5　相互理解、寛容　主題名　許す心

1　ねらい

謙虚な気持ちで相手の立場を考え、広い心で相手を許そうとする心情を育てる。

2　教材の概要

ビクトル＝ユゴー作「ああ無情」の一場面を取り上げた教材である。家族のためにパンを盗み、19年間服役をしたジャン・バルジャン。服役後のジャンに食べ物や寝る場所を提供してくれた司教の「銀の食器」を盗み、再び捕らえられてしまう。しかし司教は、ジャンの行為を許し、さらに、大切にしていた銀のしょく台も、なぜ持って行かなかったのかと、差し出すので

あった。

3　教材を生かすポイント

○ 司教の立場だけでなく、ジャンの立場を話し合う。あるいは、それぞれの立場に分かれて話し合った後、合流して話し合う等、視点を変えた話合いも効果的である。
○ 長編物語の一部であることから、時代背景や、登場人物の置かれた立場、状況等、事前に児童の理解を深めておくと、話合いがスムーズである。

4　本授業の展開

学習活動と主な発問等	●指導の手立て　◆板書の工夫
1 不利益を被った他者を「許すこと」について自分の考えをもつ。	●場面を提示し、児童が「許すこと」について考えやすくする。
2 教材「銀のしょく台」を読んで話し合う。 **Q1**「銀の食器」を盗んだジャンをミリエル司教が許したことについて考えましょう。 **2-2** ・銀のしょく台に込められた司教の思い ・司教の言葉を聞いたジャンの思い	●登場人物、時代背景等について分かりやすくまとめ、端的に板書する。 **2-1** ・19世紀、フランス ・皇帝による独裁政治の時代 ◆様々な角度から児童の考えを出させた上で、考えの近い意見ごとに整理して板書に記す。 ●ジャンの思いについても触れる。
「人を許す」ことについて考えよう。	
3 導入で出した自身の考えと、司教の考えを比べながら「人を許すこと」について、自分の考えをまとめる。 **3**	●銀のしょく台に込められた司教の思いを振り返り、「相手を思う心」「寛容の心」「謙虚な心」などに着目させながら、「人を許すこと」について考えを深めさせる。
4「許せる強さと優しさ」についての教師の話を聞く。	●ガンジーの言葉「弱い者ほど相手を許すことができない」を伝え、許す心についての考えを深めさせる。

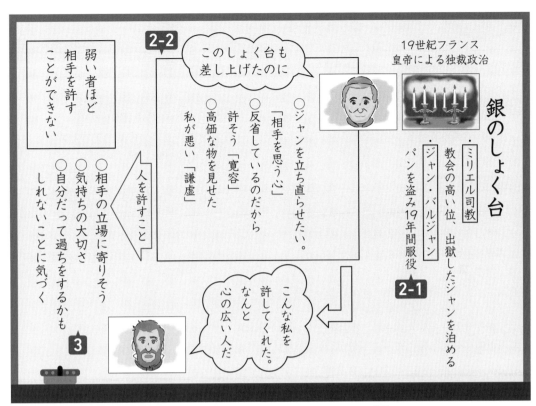

Image content (board plan):

The board shows:

銀のしょく台

19世紀フランス
皇帝による独裁政治

・ミリエル司教
教会の高い位、出獄したジャンを泊める

・ジャン・バルジャン
パンを盗み19年間服役

2-1

2-2
このしょく台も
差し上げたのに

○ジャンを立ち直らせたい。
○反省しているのだから
許そう「寛容」
○高価な物を見せた
私が悪い「謙虚」
「相手を思う心」

人を許すこと

○相手の立場に寄りそう
○気持ちの大切さ
○自分だって過ちをするかも
しれないことに気づく

3

弱い者ほど
相手を許す
ことが
できない

こんな私を
許して
くれた。
なんと
心の広い人
だ

3
「許すこと」について出された児童の考えを板書し、ガンジーの言葉「弱い者ほど相手を許すことができない」を並べて板書し、さらに考えを深める。

2
「このしょく台も差し上げたのに……」という司教のせりふを中心に、「許す心」の根底にある思い、「相手を思う心」「寛容な心」「謙虚な心」など様々な司教の思いを整理して板書する。

1
「19世紀のフランス」「皇帝による独裁政治の時代」「服役を終えたジャン」「ジャンに寝る場所や食べ物を与えた司教」等、条件を板書し、全員が同じ土俵で話し合えるようにする。

う司教のセリフを示し、銀のしょく台に込められた司教の思いを様々な角度から出させていく。

準備するもの・作り方

○ 「銀のしょく台」の模型や写真
○ ワークシート
 6-16-1
○ イラスト3点
6-16-2〜4

板書を生かして盛り上げる工夫

○ ミリエル司教とジャンの関係や立場を矢印や場面絵で図に表し、恩をかけたジャンに裏切られる司教の立場を視覚的に示す。

○ 「このしょく台も差し上げたのに……」とい

評価のポイント

○ ミリエル司教の心について、相手を思う心、寛容、謙虚、自己犠牲等、様々な角度から考えているか。

○ ミリエル司教の考えや生き方に触れながら、許すことの尊さについて、自分自身の生き方・考え方と照らし合わせて考えているか。

Right side tab:

B
主として人との
関わりに関すること

6年

教材名

星野君の二るい打

出典：廣あ、東書

C1　規則の尊重

主題名　きまりを守ることの大切さ

1　ねらい

きまりの意義を理解して守るとともに、自己の義務を果たそうとする態度を育てる。

2　教材の概要

同点のまま最終回の攻撃を迎えた少年野球チーム。最初のバッターが出塁し、次の星野君に、別府さんからバントの指示が出される。しかし、指示に反して星野君は打ちに出て、二塁打を放つ。試合に勝利し、ヒーローになったものの、翌日別府さんから「規則を破り、チームのまとまりを乱した」と告げられ、石のように動かなくなってしまう。

3　教材を生かすポイント

○ 星野君の行為について考えさせることを通して、他者理解を深めさせる。

○ 別府さんの星野君への思いを考えさせることを通して、道徳的価値の理解を深めさせる。

○ 別府さんの言葉を受け、石のように動かなくなってしまった星野君のその後を多面的に考えさせることを通して、人間理解を深めさせる。

4　本授業の展開

学習活動と主な発問等	●指導の手立て　◆板書の工夫
1 きまりについての事前調査の結果を知る。	● きまりを守ることは大切だと思っていながらも、守れていないという事実に気付かせ、問題意識をもたせる。
きまりを守ることは、なぜ大切なのだろう。	
2 教材「星野君の二るい打」を読んで話し合う。 **Q1** 名誉を回復しようと打撃に出た星野君の行為をどう思いますか。 **2-1** **Q2** 別府さんは、星野君にどんなことを伝えたかったのでしょうか。 **2-2** **Q3** 石のように動かなくなってしまった星野君はその後、別府さんやチームのみんなに、どんなことを伝えたでしょうか。 **2-3** **3** きまりの意義とこれからの自分について考える。	●自分と異なる考えの相手と交流させる。 ◆「いいね」と「う〜ん」の根拠を明確にさせながら、対比的に板書する。 ●チームの規則を守ることがなぜ大切なのか、補助的に考えさせる。 ●複数の相手と交流させる。 ◆様々な考えを分類して板書し、多面的に捉えられるようにする。 ●教材を通して学習した道徳的価値を基に、自己の生き方について考えさせる。
4 教師の話を聞く。	●「君のためにチームがあるのではない。チームのために君がいるんだ」という恩師の言葉を紹介し、意欲を高める。

星野君の二るい打

きまりを守ることは、なぜ大切なのだろう。

2-3 の直前に貼り替える

2-2
- 結果がよくても、規則を破ったことはよくない
- チームの規則を守ることで、チームワークが高まる
- チームの規則が守られ、チームワークが高まり、力をつけることができる

いいね

2-1
- ヒットを打った
- 二るい打を打った
- 勝利にこうけんした

う～ん

- 別府さんの作戦通りに行動しなかった
- チームの規則を破った
- 名誉回復のために、自分勝手にプレーした

2-3
- チームの勝利のために必死になるあまり、自分勝手だった
- ごめんなさい
- チームのきまりを守ることの大切さがよく分かった
- チームの一員としての役割を果たしていきたい

C
主として集団や社会との関わりに関すること

2

Q2 では、別府さんのイラストを掲示した上で考えさせ、板書していく。別府さんから星野君への思いであることを捉えさせるために、打ちに出る星野君のイラストと矢印で結ぶ。

1

Q1 では、打ちに出る星野君のイラストと「いいね」と「う～ん」を掲示する。「いいね」と「う～ん」の根拠を明確にさせながら、対比的に板書する。

3

Q3 では、はじめに星野君のイラストを貼り替える。同時に、別府さんとチームメイトのイラストを貼り、星野君の彼らへの思いを考えさせた後、矢印で結ぶ。

ムへの思いを捉えやすくさせる。

準備するもの・作り方

○ ワークシート
　　🖲 6 –17– 1
○ 場面絵 4 点
　　🖲 6 –17– 2 ～ 5
○ 「いいね」と「う～ん」のカード
　　🖲 6 –17– 6、7

板書を生かして盛り上げる工夫

○ 登場人物のイラストを多用し、視覚的に訴えることで、話の筋を捉えやすくさせる。
○ 矢印を効果的に用いることで、別府さんの星野君への思い、星野君の別府さん・チー

評価のポイント

○ 社会生活上のきまりや基本的なマナーの意義、よさについての考えを深め、かつ、自己の義務を果たさなければ、社会は維持できないことについて、深く考えているか。
○ きまりの意義を考えると同時に、本時の学習で学んだ道徳的価値を基に、今後の自己の生き方について考えているか。
○ 中心発問では、ペアトークの発言内容を座席表に記入しながら、学習状況を見取る。学習活動 3 では、ワークシートの記述内容から学習状況を見取る。

6年 六千人の命を救った決断—杉原千畝—

出典：光文

C2 公正、公平、社会正義 主題名 **正義をつらぬく心**

1 ねらい

誰に対しても公正・公平に接し、正義を貫こうとする態度を育む。

2 教材の概要

第二次世界大戦中、ナチスドイツによって迫害され、多くの犠牲者を出したユダヤ人の命を救った日本人、杉原千畝。国の命令に背き人命のためにビザを発行した。杉原さんからビザを受け取ったユダヤ人たちは、日本を経由して、安全な地へと旅立った。杉原さんは、ビザの発行によって、約6000人の命を救った。

3 教材を生かすポイント

○ 歴史的事実や時代背景を押さえた上で、杉原千畝の行動について考えることが重要である。

○ 本教材では、自分の正義が社会情勢などと異なったときに、どのように考えて行動するのかを考える。正義を貫くことの難しさを理解した上で、杉原千畝の生き方を考えることが重要となる。

○ 杉原千畝の立場になって、自分ならどうするのかを考えることが大切である。そのために、杉原千畝の行動が正しいという前提で話し合うことのないようにする。

4 本授業の展開

学習活動と主な発問等	●指導の手立て ◆板書の工夫
1 杉原千畝について知る。	●杉原千畝の写真を掲示し、経歴や人物像を押さえる。
2 教材「六千人の命を救った決断—杉原千畝—」を読んで話し合う。	●歴史的事実や社会情勢を押さえた上で教材を読む。
正義を貫いて行動することについて考えよう。	
Q1 ユダヤ人の話を聞いたとき、どんな気持ちだったでしょうか。 **2-1**	◆ヨーロッパの地図やビザの写真などを掲示しながら、歴史的事実を押さえて杉原の思いについて整理する。
Q2 どんな思いでビザを書き続けたのでしょうか。 **2-2**	●杉原が大変な思いをしてまでビザを書き続けたことから、その思いについてじっくり考える。
Q3 もし自分が杉原千畝だったら、どう行動しただろう。 **2-3**	●自分が杉原の立場に立ったときにどんな行動を取るかだけでなく、その理由について友達と交流する。
3 正義を貫いて行動することについて考える。	●杉原の生き方から、正義を貫いて行動することについて気付いたことをワークシートに書かせる。
4 正義を貫いて行動した人の話を聞く。	●キング牧師などを紹介する。

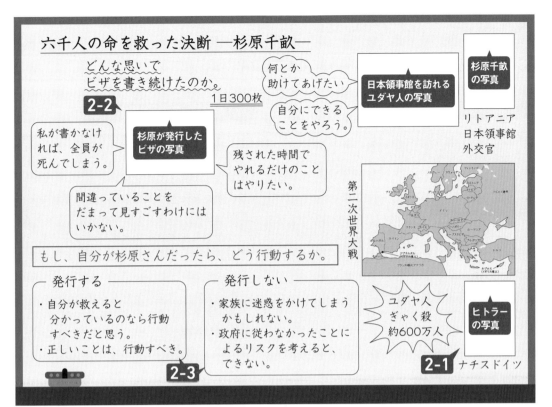

3

杉原の立場に立って考えた児童の意見を「発行する」「発行しない」などの行動ごとに分類し、その理由を整理して板書する。

2

杉原が発行したビザの写真を掲示する。また、1日に300枚発行することを目標にしたことなど、数字に関する情報も板書することで、杉原さんの思いについて深く考えられるようにする。

1

当時のユダヤ人の思いを押さえた上で、杉原の気持ちを考える。そのために、ナチスドイツから迫害されたユダヤ人の映像資料などを掲示する。

要なものがあれば随時提示していくことが重要となる。

準備するもの・作り方

○ 杉原千畝、ビザ、ユダヤ人たち、ヒトラーの写真
○ ワークシート
　　🔵 6 –18– 1
○ 当時のヨーロッパの地図
　　🔵 6 –18– 2

板書を生かして盛り上げる工夫

○ 歴史的事実や社会情勢を押さえた上で、杉原の行動について考えていく。そのために、社会科の資料などを準備しておき、必

評価のポイント

○ 杉原千畝の生き方を通して、正義を貫いて行動することの難しさや偉大さに気付いているか。
○ 自分が杉原千畝の立場になったときに、どのように行動を取るかについて、理由を友達と交流することを通して、正義を貫いて行動することを多面的に捉えているか。
○ ワークシートやグループでの話合い活動の内容を基に評価する。

6年 教材名 田中正造

出典：東書

C2 公正、公平、社会正義　主題名 **社会正義の心**

1 ねらい

　自分の損得にとらわれることなく、誰に対しても公正公平な態度で、社会正義の実現に努めようとする心情を育てる。

2 教材の概要

　小さい頃から、弱い者の立場に立って物事を考えることを母から教わってきた田中正造が、明治から大正時代の富国強兵の世の中で、様々な困難に遭いながらも、自分の生涯をかけて、足尾鉱毒問題を解決するために闘い抜いた話である。

3 教材を生かすポイント

○ 公害に苦しんでいる農民を無視し続ける政府に対して、私心にとらわれず社会正義を実現しようとした正造の生き方は、いまだに多くある社会的な差別や不公平さなどの問題を考える上で多くの示唆を含んでいる。

○ 現在でも足尾銅山の公害により破壊された山に植林をする運動が続いていることや、谷中村が廃村になってできたのが渡良瀬遊水池であることに触れるなど、今につながる出来事であることを実感させることで自我関与を促す。

4 本授業の展開

学習活動と主な発問等	●指導の手立て　◆板書の工夫
1 教材の背景や人物について知る。	◆田中正造の写真や年表を提示し、知っていることについて話し合い、時代背景などを説明する。
2 教材「田中正造」を読んで話し合う。 **Q1** 正造の生き方をどう思いますか。 **2-1**	●教材から感じたことを自由に話し合い、学習テーマへとつなげる。
正造の生き方を支えたのは、どんな心だったのだろう。	
Q2 正造は、どのような考えをもって鉱毒問題に立ち向かったのでしょう。 **2-2** **Q3** 正造の生き方の、どんなところが人々の心を動かしたのでしょう。 **2-3**	◆年表を活用し、鉱毒問題に一生を捧げた長さを実感させる。 ●教材以外の正造のエピソードを加え、その生き方について考えさせる。 ●5万人の人々が葬式に集まったことや、最後の持ち物がわずかだったことに着目し、正造の生き方について考えさせる。
3 正造の生き方について、自分の考えをまとめる。	●関連する現在の写真を提示した後、正造の父の言葉を紹介し、正造の生き方をもう一度まとめさせる。

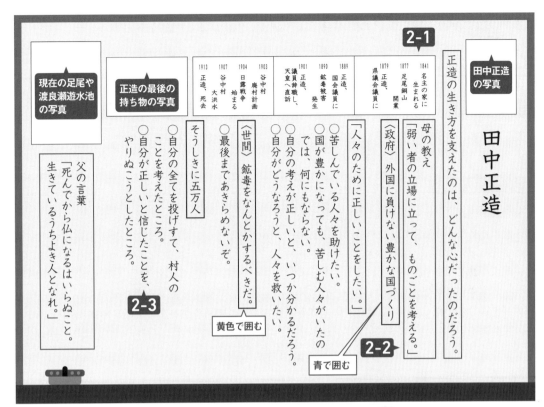

現在の足尾や
渡良瀬遊水池
の写真

正造の最後の
持ち物の写真

2-1

田中正造
の写真

正造の生き方を支えたのは、どんな心だったのだろう。

田中正造

1841	1877	1879	1889	1890	1901	1903	1904	1907	1913
名主の家に生まれる	足尾銅山開業	県議会議員に	正造、国会議員に	鉱毒被害発生	議員辞職し、天皇へ直訴	谷中村廃村計画	谷中村大洪水	日露戦争始まる	正造、死去

母の教え
「弱い者の立場に立って、ものごとを考える。」

〈政府〉
外国に負けない豊かな国づくり

2-2

青で囲む

「人々のために正しいことをしたい。」

○苦しんでいる人々を助けたい。
○国が豊かになっても、苦しむ人々がいたのでは、何にもならない。
○自分の考えが正しいと、いつか分かるだろう。
○自分がどうなろうと、人々を救いたい。

〈世間〉
鉱毒をなんとかするべきだ。

黄色で囲む

そうしきに五万人

○最後まであきらめないぞ。
○自分の全てを投げすて、村人のことを考えたところ。
○自分が正しいと信じたことを、やりぬこうとしたところ。

2-3

父の言葉
「死んでから仏になるはいらぬこと。生きているうちよき人となれ。」

3

Q3 では、正造の生き方のどんなところが、5万人もの人々の心を動かしたのか、板書した発言の言葉から考えさせ、まとめとする。

2

Q2 では、時系列に沿って正造の思いを考えていく。キーワードは、「正造」「政府」「世間」を色分けして書いておく。

1

教材を読んだ後に、年表を提示する。**Q1**における児童の発言から、関連のあるキーワードを貼りながら、内容を押さえていく。

準備するもの・作り方

○ ワークシート
🔾 6-19-1
○ 田中正造の写真、正造の最後の持ち物の写真、現在の足尾と渡良瀬遊水池の写真
○ 足尾銅山についての年表
🔾 6-19-2

障害のある児童への手立て

○ 年表や写真を用いることで、視覚的に状況を把握できるようにする。

評価のポイント

○ どんな困難にも負けず鉱毒問題に立ち向かっていったことが、いかに大変であったかを考えているか。
○ 現代にもある社会問題にも広く目を向け、正造の生き方について考えているか。
○ 自分が正しいと信じた社会正義を実現することについて、考えを深めているか（ワークシート）。

6年

教材名
世界がおどろく七分間清掃

出典：光文

C3　勤労、公共の精神　**主題名**　働く人の思い

1　ねらい

　働くことのよさや大切さを考え、自らも公共のために役立とうとする心情を育てる。

2　教材の概要

　新幹線が到着してから7分間で社内清掃を終わらせるために、秒単位で、チームで協力してやり方を工夫している新幹線の清掃員。さらに、制服や帽子に飾る花を季節によって変えるなど、お客を喜ばせる工夫もしている。その仕事ぶりを通して、働くことの意義について考えられる教材である。

3　教材を生かすポイント

○ 新幹線の清掃員の仕事への思いを考えたり、ジョニーの視点からその仕事ぶりのすごさを考えたりすることで、働く喜びの源や、工夫して仕事に取り組むすばらしさを考えさせたい。

○ 児童は、最上級生として、働くことが学校のために役立つという体験をしている。清掃員の思いと比較して考えることを通して、勤労の意義や尊さを感じ、公共のために役立とうとする気持ちを育みたい。

4　本授業の展開

学習活動と主な発問等	● 指導の手立て　◆ 板書の工夫
1「働くこと」に対する自分の考えを書く。◀**1**	● 児童が問題意識をもって学習に臨めるよう、学習テーマを設定する。
「働くこと」とは、どういうことなのか。	
2 教材「世界がおどろく七分間清掃」を読んで話し合う。	
Q1 新幹線の清掃員さんたちは、どのような思いで仕事をしているのでしょう。◀**2-1**	● ICT を活用し、実際の新幹線の清掃の様子を動画で視聴し、仕事ぶりのすばらしさを実感させる。 ● 清掃員たちの仕事に対する様々な思いに気付けるように、グループでの話合いを取り入れ考えさせる。
Q2「世界にじまん」できる仕事というのは、どんなところでしょう。◀**2-2**	● 清掃員たちの仕事ぶりのすばらしさに驚くジョニーの言葉を共感的に捉え、仕事に対する考えを捉えさせる。
3「働くこと」とは、どういうことなのか、ワークシートに記入する。	● 再度学習テーマについて記入させ、自分の考えの変化や学んだことをまとめる。

世界がおどろく七分間清掃

1 お金を得る、家族を養う
人の役に立つ

（働くこと）

2-2

お客様のために、
くふうして　喜びを感じて
よりよくする

秒単位で
チームで協力

○お客様にきれいな
車内で気持ちよく
すごしてもらいたい。

○（7分間）で清掃を必ず
終わらせよう。
→お客様のために

○お客様に旅を楽しんで
もらいたい。

○見ているお客様にも
楽しんでほしい。

○お客様のために、
きれいに清掃しよう。

○お客様に喜んで
もらえることがうれしい。

2-1

2-1

2 **Q1** は、グループごとに話し合った後、出てきた意見を分類しながら板書し、整理する。

3 **Q2** では、**Q1** で書いた板書にラインを引いたり、キーワードを板書したりして、学習テーマにつなげる。

1 教材について考える前の「働くこと」に対する考えを板書し、最後の考えと比較できるようにする。

捉えさせる。

準備するもの・作り方

○ 新幹線の車内清掃の動画
○ ワークシート
　　6 -20- 1
○ 場面絵
　　6 -20- 1

板書を生かして盛り上げる工夫

○ 場面絵を中央に貼ることで、仕事に対する清掃員の思いを整理しやすくする。
○ 導入の「働くこと」に対する考えと、清掃員の思いを比較することで、仕事の意義を

評価のポイント

○ 中心発問において、清掃員の仕事に対する多様な思いに気付いているか。
○ これまで考えてきた「働くこと（仕事観）」と、清掃員の仕事に対する姿勢を比較することで、自分事として働くことの意義や尊さを考えているか。
○ 仕事をする意義や尊さについて考えを深めているか（ワークシート）。

6年 教材名 桜守の話

出典：東書

C3　勤労、公共の精神 ｜ 主題名　世のためになる仕事

1　ねらい

働くことの意義を理解し、社会のために役立とうとする態度を育てる。

2　教材の概要

1832年から代々伝わる桜の保存という仕事に、一生をかけて取り組む佐野藤右衛門さんの実話である。季節ごとの仕事内容が、佐野さんの語り口調で紹介されている。日本各地はもとより、世界各国でも桜の世話をしている佐野さん。1年を通じ、どのような心を大切にして仕事をしているか、それが「桜守の心」であると話している。

3　教材を生かすポイント

○ 佐野さんの、桜守という仕事に対する情熱と使命感、社会に貢献したいという思いから、生きていくには、自分の仕事に誇りと喜びを見いだし、生きがいをもって仕事を行えるようにすることが大切であることに気付かせる。

○ 児童は、最上級生として、働くことが学校のために役立つという経験をしている。佐野さんの思いを共感的に考えることを通して、勤労の意義や尊さを感じ、仕事を通して社会貢献を果たす態度の育成を図っていく。

4　本授業の展開

学習活動と主な発問等	●指導の手立て　◆板書の工夫
1 これまでの自分の仕事への取組を話し合う。	● 学校のために働いていたときのことをイメージしやすいように写真を提示する。また、そのときの思いを想起させる。
仕事をする上で大切な心は何だろう。	
2 教材「桜守の話」を読んで話し合う。 **Q1** 桜守の仕事について確認しましょう。 **2-1** **Q2** 佐野さんは、どのような思いで桜守の仕事をしているのでしょう。 **2-2** **3** 様々な仕事で働く人について紹介し、自分の将来の仕事について考える。 **3**	● 1832年から16代に続く仕事であることを押さえ、季節ごとに、どのような仕事があるのか確認する。 ● 佐野さんの仕事に対する様々な思いに気付けるように、グループでの話合いを取り入れ考えさせる。 ◆ 様々な仕事に就く人の写真を提示しながら紹介し、その仕事の有益性に視野を広げて自分を見つめさせる。
4 ゲストティーチャーの話を聞く。	● 身近なところで、仕事を通して世の中に貢献している人を招き、話をしてもらう。

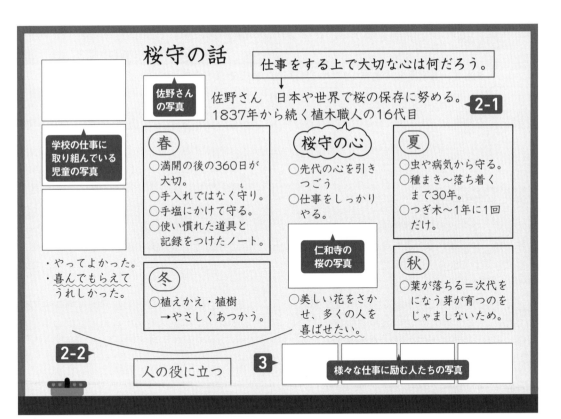

桜守の話

仕事をする上で大切な心は何だろう。

佐野さんの写真

佐野さん　日本や世界で桜の保存に努める。
1837年から続く植木職人の16代目 **2-1**

学校の仕事に取り組んでいる児童の写真

春
○満開の後の360日が大切。
○手入れではなく守り。
○手塩にかけて守る。
○使い慣れた道具と記録をつけたノート。

桜守の心
○先代の心を引きつごう
○仕事をしっかりやる。

仁和寺の桜の写真

夏
○虫や病気から守る。
○種まき〜落ち着くまで30年。
○つぎ木〜1年に1回だけ。

秋
○葉が落ちる＝次代をになう芽が育つのをじゃましないため。

・やってよかった。
・喜んでもらえてうれしかった。

冬
○植えかえ・植樹
→やさしくあつかう。

○美しい花をさかせ、多くの人を喜ばせたい。

2-2

人の役に立つ

3

様々な仕事に励む人たちの写真

C 主として集団や社会との関わりに関すること

1
Q1 では、季節ごとに、桜守の仕事の内容を確認しながら書く。

2
Q2 では、グループごとに話をした後、出てきた意見を分類しながら板書し、キーワードを色で囲むなどして、整理する。

3
学習活動3では、教科書の写真を貼り、それぞれの仕事がどんな役割を担っているか話し合った後、自分の将来の仕事について考えさせる。

準備するもの・作り方

○ 学校の仕事に取り組んでいる児童の写真
○ ワークシート
　　💿 6-21-1
○ 佐野さん、桜、ほかの仕事の写真（教科書の写真を拡大して提示するとよい）

板書を生かして盛り上げる工夫

○ 導入で聞いた児童の体験の思いと、桜守の佐野さんの思いが、「人の役に立つ」という共通点でつながることに気付かせる。

評価のポイント

○ グループでの話合いで、佐野さんの仕事に対する多様な思いに気付いているか。
○ 学校行事や委員会活動で仕事に取り組んできたときの思いが、桜守の佐野さんの思いと共通することに気付き、自分事として働くことの意義や尊さを考えているか。
○ 自分の将来の仕事を展望し、自分も社会のために貢献していきたいという気持ちを高めているか（ワークシート）。

6年 教材名 はじめてのアンカー

出典：学研、廣あ、日文

C4 家族愛、家庭生活の充実 主題名 **家族のためにできること**

1 ねらい

　家族を敬愛し、家族の幸せを求めて積極的に役に立とうとする態度を育てる。

2 教材の概要

　まきは、小学校最後の運動会で初めてリレーのアンカーに選ばれる。これまで仕事で一度も応援に来られなかった父も来てくれるはずだったが、仕事が急遽入る。見送りの際もまきは何も言えずにうつむき、父も肩を落として玄関を出て行く。「お父さんがいちばん運動会を楽しみにしてたのよ」という母の言葉を聞き、まきは玄関を飛び出し、父の後を追う。

3 教材を生かすポイント

○ 家庭生活の中でできることが増えるこの時期の児童に、家族のために何ができるかを考えさせ、積極的に役に立つことができるように指導することは、家族の一員としての役割を自覚させる上で大切なことである。

○ 自分に対する家族の思いを手紙やビデオレターとして読み聞かせたり、授業参観等を活用して、親子で相互の思いについて考えたり、聞き合ったりする活動を構想することも、家族愛、家庭生活の充実について考えさせる上で効果的である。

4 本授業の展開

学習活動と主な発問等	●指導の手立て　◆板書の工夫
1 自分が家族の一員として役に立っていると感じるときと、そのときの気持ちについて話し合う。	● どんな気持ちで取り組んでいるかを問い、日頃意識していないことに気付かせ、本時の学習テーマを焦点化する。
家族のためにできることは何だろう。	
2 教材「はじめてのアンカー」を読んで、話し合う。 **Q1** 運動会にお父さんが来てくれることになって、まきはどんな気持ちでしょう。 **2-1** **Q2** お父さんが仕事で来られなくなったとき、まきはどんなことを考えたでしょう。 **2-2** **Q3** お天気人形を持ってお父さんを追いかけるまきは、どんなことを考えていたのでしょう。 **2-3** **3** 家族の一員として自分はどんなことができるかを話し合う。	● 初めて応援に来てくれること、自分も初めてリレー選手に選ばれたことに触れ、まきの喜びを感じ取らせる。 ◆ 来てくれる喜びと来られなくなった悲しみを左右対称に板書し、まきの残念な気持ちを捉えさせる。 ● 自分の考えをワークシートに書かせた後、グループで話し合わせる。 ◆ 家族のつながりを示す線の上に板書し、より家族の輪が強まっていくことを視覚的に捉えさせる。 ● 板書を基に、自分ができることを考えさせる。
4 本時の学習を振り返る。	● 書く時間を十分確保し、学んだことを自分との関わりで振り返らせる。

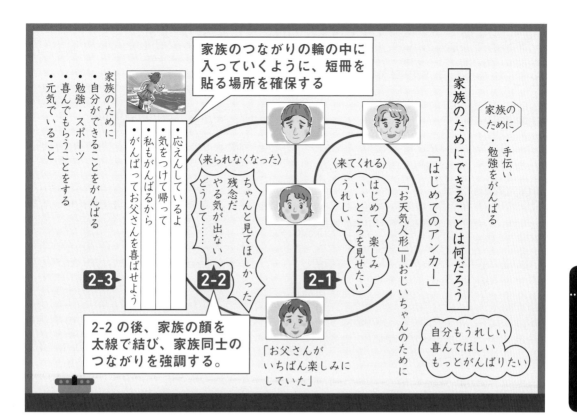

2

Q2 では、家族同士の線、家族からまきに向かう線を強調して板書することで、家族同士のつながり、家族からまきに対する強い思い等を視覚的に捉えられるようにする。

3

Q3 では、まきから家族に対する思いを考えさせ、家族に対してできることを輪の中に入れていくことで、さらに家族の信頼関係の輪が強まっていくことをイメージしやすくする。

1

Q1 では、応援に「来てくれる」ときの思いと「来られなくなった」ときの思いを並べて提示することで、楽しみにしていた分、残念な気持ちが強いということを捉えさせる。

○ まきの強い思いが表れているものについて短冊に書き、黒板に貼らせる。

準備するもの・作り方

○ ワークシート
　💿 6 –22– 1
○ 登場人物の絵
　💿 6 –22– 2 ～ 6
○ 付箋紙（個人）
○ 短冊、小黒板（グループ数）

板書を生かして盛り上げる工夫

○ 自分の考えをワークシートに書く時間を確保し、付箋紙にはキーワードを書かせる。付箋紙を動かしながら考えを分類、整理したり、新たな考えを出させたりする。

評価のポイント

○ 父を追いかけるまきの思いについて、父への感謝、父の仕事を応援する、自分が頑張ることで喜んでもらえるなど、多面的・多角的な見方へと広げているか。
○ 「学習を通して、自分が家族のためにどんなことができるか」という問いについて考え、書く活動を通して、自分との関わりで考えているか。
○ ワークシートの記述とホワイトボード、短冊の記述内容、発言等から評価する。

| C5 | よりよい学校生活、集団生活の充実 | 主題名 | 自分の役割 |

1 ねらい

集団の中での役割や責任への考えを深め、様々な活動に主体的に参加する心情を育てる。

2 教材の概要

宮城県の大島と気仙沼港を行き来する連絡船「ひまわり」を運転する菅原進さん。東日本大震災の津波ですべての船が流されたら島民が困ると判断し、「ひまわり」で沖へ出る。大島に残された船は「ひまわり」だけ。菅原さんは、大島を心配する人々のために、気仙沼港へ行くことを決心する。休む間もなく大島と気仙沼港間を「ひまわり」で行き来する。

3 教材を生かすポイント

○ 本教材では、大島と気仙沼の位置関係や、津波の恐ろしさを児童に知らせることで、教材への自我関与を促すことができる。例えば、導入で本教材の場面の地図を提示し、自分の県にある島との位置関係と比較するなども効果的である。また、朝学習の時間などを使い、津波での被害や恐ろしさを学習することも考えられる。

○ 危険を冒すことが自分の責任を果たすことであると児童が考えてしまわないよう、登場人物の思いに着目させ、実生活で自分にできることを考えさせていく。

4 本授業の展開

学習活動と主な発問等	●指導の手立て　◆板書の工夫
1 大島と気仙沼の位置関係を示した地図を見て、本時で学習する環境を捉える。**1**	●自分の県の島の地図と比較させ、距離感を実感させてから提示する。 ●地震について学習したことにも触れた後に教材名を板書し、読み聞かせる。
2 教材「小さな連絡船『ひまわり』」を読んで感想を話し合う。	●菅原さんがした責任ある行動に着目させ、話し合わせる。
責任ある行動について考えよう。	
Q1 自分が菅原さんの立場なら同じことができるでしょうか。**2-1**	◆ホワイトボードを使って少人数で話し合わせた後、黒板に自分の考えを名札マグネットで示させる。 ●理由を話し合わせ、心情に迫る。
Q2 菅原さんはどんな思いで「ひまわり」を走らせ続けたのでしょう。**2-2** **Q3** 自分の役割を果たす上で大切なことは何でしょう。**2-3** **3** 自分の身近な役割について考える。	●責任ある行動を取るときの思いを考える活動で、役割や責任への考えを深める。 ●本時の学習から学んだことをまとめる。
4 これからの生活で自分の役割の果たし方を考える。	●本時で学んだことから、これからの生活に生かせることを考えさせる。

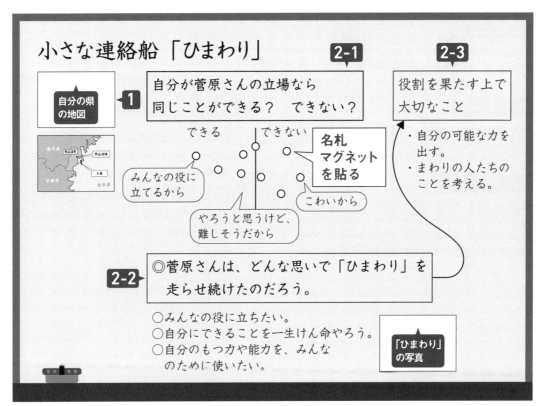

1

Q1 では、黒板を二分割
し、自分にできるかできな
いかを考えさ、登場人物に
自我関与させる。児童の名
前マグネットの位置の違い
の理由を伝え合わせ、板書
していく。

2

Q2 では、児童一人一人が
登場人物の思いをワーク
シートに書き、それを児童
に発表させて板書してい
く。机間指導から、児童に
板書させることも考えられ
る。

3

Q3 では、児童の思考の流
れから生まれる言葉を大事
にしながら、児童の声を板
書する。ここで出てきたこ
とを終末の発問へとつなげ
ていく。

準備するもの・作り方

○ ワークシート
　💿 6 –23– 1
○ 自分の県の地図
○ 気仙沼港と大島の地図
　💿 6 –23– 2
○ 連絡船「ひまわり」の写真
○ ホワイトボード、名札マグネット

板書を生かして盛り上げる工夫

○ ホワイトボード上で示した名札マグネット
　の位置を黒板にも表現させ、学級全体の考

えの違いを明らかにさせたり理由の違いに
着目させたりする。

評価のポイント

○ 自分の考えだけでなく、他の児童のいろい
　ろな考え方に出会い、共通点を見つけたり
　比較したりしながら考えているか。
○ 係活動や委員会活動など、学校生活の中で
　自分に生かせることを考えているか。
○ ワークシートに書かれている考えを見取
　る。小グループでの話合いや発表の様子、
　授業中のつぶやきにも着目して評価する。

6年

教材名

応えん団の旗

出典：教出

C5 よりよい学校生活、集団生活の充実 | **主題名** 自分の役割

1 ねらい

自分の役割を自覚し、協力してよりよい学校生活をつくろうとする心情を育てる。

2 教材の概要

運動会が来月に迫る中、なかなか応援団のメンバーが決まらない。そんな中、「ぼく」は大学生の兄から応援団の旗への思いを聞き、このままではいけないと考える。「ぼく」は、運動会を成功させようとクラスに働きかけ、旗作りリーダーになる。いつの間にか、協力してくれる人が増え、みんなの心が一つになっていく。

3 教材を生かすポイント

○ 本教材は、場面設定が運動会であり、児童にとって身近な内容である。運動会に対して様々な思いをもつ児童がいるが、それぞれの思いの中で自己の役割を果たしていこうとする気持ちを養うことが自分の納得解を導き出すポイントとなる。

○ 学校生活の中には、いろいろな活躍の場面がある。そのため、自分の思いをもって役割を果たそうとする気持ちをもたせたい。本教材での児童の考えを、学校生活のいろいろな場面で生かすことが本教材を扱う意義になる。

4 本授業の展開

学習活動と主な発問等	●指導の手立て　◆板書の工夫
1 学校生活の中で経験したことのある役割を思い起こす。 **Q1** 学校生活で、なかなか代表が決まらない経験はありませんか。◀**1**	● 3色のサインカードを用意し、経験したことを想起させ、教材名を板書する。
自分の役割は、どのように果たせばいいのだろう。	
2 「応援団の旗」を読んで、話し合う。 **Q2** 初めは「やってみよう」と思わなかった「ぼく」が旗作りのリーダーに立候補したのはなぜでしょう。◀**2-1** **Q3** 「ぼく」のチームは優勝できなかったのに、みんなの顔がきらきらと輝いたのはなぜでしょう。◀**2-2** **Q4** 「ぼく」は、どんなことを考えながら旗作りリーダーの役割を果たしたのでしょう。	●ワークシートに記入させた後、4～5人のグループで話し合い、出てきた考えを紙に書かせ、発表させる。 ◆シルエット図を用いて、チームの人たちが考えていることを想像させながら、吹き出しに考えを書かせる。 ◆役割を果たす上で大切なことを児童の言葉でまとめ、板書していく。
3 学校生活の場面でどのように役割を果たしていくかを考える。 **Q5** いろいろな場面で役割を果たすときに、どのような思いをもって臨みたいですか。◀**3**	●導入で想起したことを基に、一人一人の児童の立場や経験から、今後どのように自分の役割を行っていくかを考えさせる。

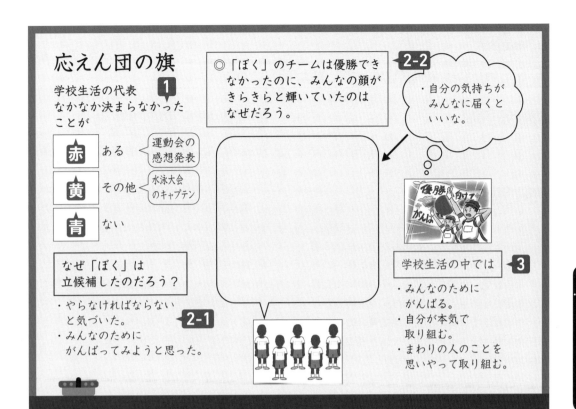

板書

応えん団の旗

学校生活の代表
なかなか決まらなかった
ことが **1**

赤	ある	運動会の感想発表
黄	その他	水泳大会のキャプテン
青	ない	

なぜ「ぼく」は
立候補したのだろう？

・やらなければならない
　と気づいた。
・みんなのために
　がんばってみようと思った。
◀ **2-1**

◎「ぼく」のチームは優勝でき
なかったのに、みんなの顔が
きらきらと輝いていたのは
なぜだろう。 **2-2**

・自分の気持ちが
　みんなに届くと
　いいな。

優勝 向けて がんば 負けて

学校生活の中では **3**

・みんなのために
　がんばる。
・自分が本気で
　取り組む。
・まわりの人のことを
　思いやって取り組む。

1
Q1 では、日頃の学校生活の中で経験したことを想起させる。3色カードは、赤は経験がある、青は経験がない、黄色はどちらでもないとし、児童が考えを表現しやすくする。

2
Q3 では、責任をもって役割を果たすことで周りの人たちがどのような気持ちになるのかに思いを巡らせる。シルエット図を黒板に貼り、表情などを想像しながら考えさせる。

3
Q5 では、Q1で出た具体的な場面を使い、これまでの自分の思いと、これからどう臨むかを比較しながら振り返らせる。Q1で出た意見から矢印を引いてQ5の問いを板書する。

準備するもの・作り方

○ ワークシート
　💿 6-24-1
○ 3色カード（赤、青、黄色）
○ 班の意見をまとめる白紙
○ シルエット図
　💿 6-24-2
○ 場面絵
　💿 6-24-3

板書を生かして盛り上げる工夫

○ 導入で日常の出来事を振り返るとともに、
　それを生かした終末を展開し、児童自身の
学びを板書でも見て実感できるようにする。

評価のポイント

○ 他の児童のいろいろな考えにも出会う中
　で、運動会に対するいろいろな考えを視点
　にしながら自分の考えを広げているか。
○ 中心発問では、自分との関わりでより深く
　考えていたか。
○ ワークシートに書かれている考えを評価す
　る。導入で想起した自分の経験を、本時で
　学んだことを生かして今後どうしたいか、
　具体的に考えていたか。

出典：学図、教出

C6　伝統と文化の尊重、国や郷土を愛する態度　主題名　**郷土発展のために**

1　ねらい

　郷土の伝統や文化を受け継ぎ、発展させていこうと努力する意欲と態度を育てる。

2　教材の概要

　明治維新の戦いで敗れた長岡藩は、食糧難に陥っていた。そこに、三根山藩から米百俵の見舞いが届く。藩士たちは米の分配を心待ちにしたが、大参事の小林虎三郎が米をお金に換え、学校を建てると言った。頭株の三左衛門や藩士たちの申し立てに対し、虎三郎は戦いに敗れた原因を人物の乏しさと説き、人物を養成することに力を注いだ。

3　教材を生かすポイント

○ 本教材は、明治維新の時代の出来事を描いている。社会科で日本の歴史を学習し、児童の興味が向いたところで、先人たちがどのような努力をしたかを考える活動をすることで、スムーズに先人の努力に目を向けさせることができる。

○ 偉人、先人に目を向け、偉大な功績から学ぶことも大切である。本教材では、そこにとどまらず、周囲の人々の努力にも目を向けさせ、郷土文化の発展のために、みんなで努力しようとする気持ちを養っていく。

4　本授業の展開

学習活動と主な発問等	●指導の手立て　◆板書の工夫
1 自分たちの地域の偉人、先人の紹介を聞き、関心をもつ。**1**	◆ 地域の偉人、先人の写真を黒板に提示した後に教材名を板書する。
地域のためにできる努力について考えよう。	
2 教材文「米百俵」を読んで話し合う。 **Q1** 食糧難の中、あなたは虎三郎と三左衛門のどちらの考えに賛成ですか。**2-1**	● 心のものさしを使い、どちらに賛成かを名札マグネットで表現させる。まずは3人程度のグループで考えを出し合い、黒板にも自分の考えを表現させる。理由を出し合い、議論していく。
Q2 虎三郎が、藩の人々の状況を知りながらも米を売ろうとしたのは、どんな思いがあったからでしょう。**2-2** **Q3** 地域をよくするために、虎三郎と三左衛門は、どんな努力をしたと言えるでしょうか。**2-3**	◆ 虎三郎の挿絵を黒板に貼り、吹き出しを書き、虎三郎の思いに思いを馳せながら考えさせる。 ● 両者について考えることで、郷土のために大勢が努力したことに気付かせる。
3 自分の地域で伝統的に伝わってきている文化について考える。	● 地域に伝わる伝統や文化だけでなく、現在の状況なども併せて考えさせる。
4 地域の未来を考えて、受け継ぎ、努力していけることを考える。	● キャリア教育の視点も取り入れながら、自分なりにできることを考えさせる。

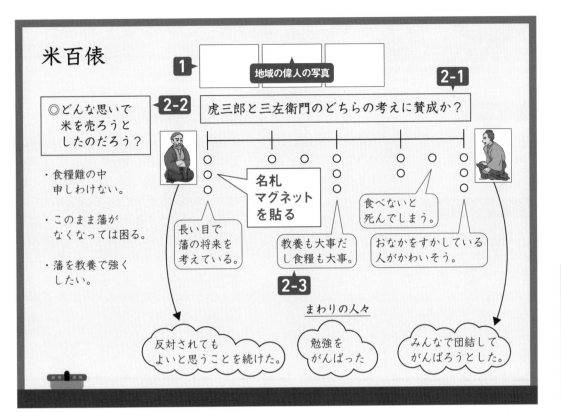

米百俵

1 地域の偉人の写真

2-1

2-2 ◎どんな思いで米を売ろうとしたのだろう？

虎三郎と三左衛門のどちらの考えに賛成か？

・食糧難の中申しわけない。

・このまま藩がなくなっては困る。

・藩を教養で強くしたい。

名札マグネットを貼る

食べないと死んでしまう。

長い目で藩の将来を考えている。

教養も大事だし食糧も大事。

おなかをすかしている人がかわいそう。

2-3

まわりの人々

反対されてもよいと思うことを続けた。

勉強をがんばった

みんなで団結してがんばろうとした。

2 Q2 では、小林虎三郎の挿絵を貼り、児童が虎三郎の考えに思いを巡らせることを明示する。心のものさしの虎三郎の挿絵の近くに板書する。

1 Q1 では、心のものさしを黒板の中央に書き、名札マグネットを貼らせる。一人一人の考えの違いが見て分かるように、理由を発表させて板書していく。

3 Q3 では、児童の考えを心のものさしの虎三郎、三左衛門の挿絵付近に板書する。他の考えが出てきた場合には、中央に板書し、人々が一体となって努力していたこと表現する。

準備するもの・作り方

○ ワークシート
　🔵 6-25-1
○ イラスト2点
　🔵 6-25-2、3
○ 名札マグネット

板書を生かして盛り上げる工夫

○ 黒板に心のものさしを提示し、名札マグネットで全員の考えを表現させる。誰がどんな考えをもっているかを視覚的に訴え、自分との違いや共通点などを見いだそうとする意欲を喚起させる。

評価のポイント

○ 虎三郎と三左衛門の両者に着目し、それぞれの努力を見つけるとともに、複数の人々が共に努力を重ねたことなど、多面的に考えているか。

○ 心のものさしを使った議論で、自分の立場をはっきりさせて話し合うことで、登場人物になりきって、それぞれの努力について考えているか。

○ ワークシートや、議論の中の発言、つぶやきから学習状況を見取っていく。

教材名
天下の名城をよみがえらせる―姫路城―

出典：日文

| C6 | 伝統と文化の尊重、国や郷土を愛する態度 | 主題名 | 地域のほこりを大切にする |

1 ねらい

我が国や郷土の伝統と文化を守る人々の思いを考え、日本や郷土の誇りに気付き、それらを大切にしていこうとする心情を育てる。

2 教材の概要

姫路城の昭和の大改修を題材とした教材である。ひろみは姫路城を守ってきた姫路市の人々の活動や大改修に関わる大工たちの思いを知る中で、自分も大切にしていきたいという思いを募らせていく。ひろみの心の変化を考えさせることでねらいに迫ることができる。

3 教材を生かすポイント

○ 本教材は「姫路城」が題材であるため、「姫路城」のすばらしさや今に残っている理由について考えさせることが大切である。また、昭和の大改修がいかに大変であったかを写真や映像等で確認させ、多くの人が姫路城を大切に思い、活動していたことを感じ取らせたい。

○ 児童に自分の郷土の誇りを大切にしていきたいという思いを育むために、ひろみの「姫路城を残していきたい」という思いを考えさせる。

4 本授業の展開

学習活動と主な発問等	●指導の手立て ◆板書の工夫
1 日本の、または地域の誇りについて想起し、学習への心構えをもつ。**1**	●ふろしきを提示し、ふろしきが昔からあることについての問いをもたせる。
2 教材「天下の名城をよみがえらせる―姫路城―」を読んで話し合う。 **姫路城は姫路市の人々にとってどのような存在なのでしょうか。** **Q1** 和田さんはどのような思いから「あきらめない」と言ったのでしょうか。**2-1** **Q2** 心柱が完成したとき、和田さんや大工さんたちはどんなことを思ったでしょうか。**2-2** **Q3** もう一度姫路城を見るひろみは、どんなことを考えていたでしょうか。**2-3** **Q4** 姫路城は姫路市の人々にとってどのような存在なのでしょうか。**2-4** **3** 日本（地域）の誇りとどう関わっていくかについて考える。	●教材を読んだ後、感想を問い、板書する。 ●和田さんのあきらめない気持ちを共感的に考え、姫路城を残すという思いが強い責任感を生むことに気付かせる。 ●大工さんの気持ちを考えさせることで、姫路城が多くの人にとっての誇りであることを感じ取らせる。 ●ひろみの姫路城についての思いの変化を考えさせる。 ◆**Q1** から **Q3** は全体的に三角形になるように板書する。 ●ワークシートに書かせる。具体的な関わり方であることを伝える。
4 地域の誇りについての教師の話を聞く。	●教師が自分の地域の誇りを紹介し、どのような関わり方をしているか話をする。

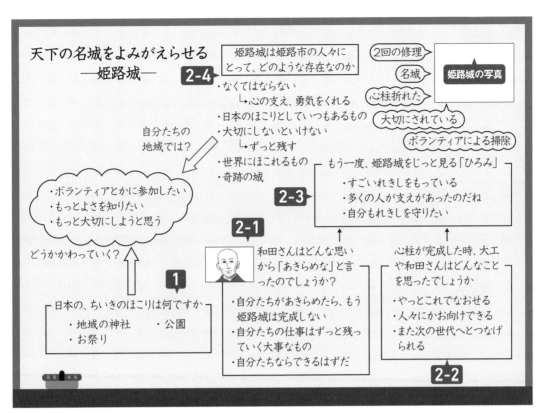

天下の名城をよみがえらせる
―姫路城―　2-4

姫路城は姫路市の人々にとって、どのような存在なのか

・なくてはならない
　└ 心の支え、勇気をくれる
・日本のほこりとしていつもあるもの
・大切にしないといけない
　└ ずっと残す
・世界にほこれるもの
・奇跡の城

2回の修理 / 名城 / 心柱折れた

姫路城の写真

大切にされている

ボランティアによる掃除

自分たちの地域では？

・ボランティアとかに参加したい
・もっとよさを知りたい
・もっと大切にしようと思う

どうかかわっていく？

1

日本の、ちいきのほこりは何ですか
・地域の神社　・公園
・お祭り

2-1

和田さんはどんな思いから「あきらめな」と言ったのでしょうか？
・自分たちがあきらめたら、もう姫路城は完成しない
・自分たちの仕事はずっと残っていく大事なもの
・自分たちならできるはずだ

もう一度、姫路城をじっと見る「ひろみ」
・すごいれきしをもっている
・多くの人が支えがあったのだね
・自分もれきしを守りたい

2-3

心柱が完成した時、大工や和田さんはどんなことを思ったでしょうか
・やっとこれでなおせる
・人々にかお向けできる
・また次の世代へとつなげられる

2-2

C
主として集団や社会との関わりに関すること

1

導入では、地域の誇りを黒板の左下に書く。教材についての話合いから、自分の地域の誇りについて振り返る際、上向きの矢印を書き、どう関わっていくかを板書する。

3

Q3 は今までの話合いのまとめとして理解できるように、黒板の中央に板書する。さらに自分事として考えをつなげるために、左下に矢印を書き、「自分たちの地域では」と板書する。

2

Q2 から Q3 は、それぞれが姫路城について大切に思う気持ちが視覚的に捉えやすいように、三角形になるように板書する。

ら Q3 をつなげて三角形にして書く。
○ 姫路城への思いを黒板の中央に書くことで、児童が学習テーマに迫ることができる。

準備するもの

○ ふろしき
○ 姫路城の写真、改修の写真（教科書掲載のものを活用するとよい）
○ ワークシート
　　🔘 6 –26– 1
○ 登場人物の絵
　　🔘 6 –26– 2

板書を生かして盛り上げる工夫

○ 和田さんだけでなく、姫路城に関わる人や姫路市の人々が姫路城を大切に思っていることを視覚的に捉えられるように、Q1 か

評価のポイント

○ 姫路城を大切に思う人々の思いについて、和田さんや大工さん、ひろみなどの多面的な視点から考えているか。
○ 自分が関わっていきたい日本や地域の誇りを想起し、具体的な関わり方やその思いを考えているか。
○ 日本や地域の誇りにどのように関わっていくかについて考え、ワークシートに書いているか。

6年 エルトゥールル号

教材名

出典：学図、日文、光村

C 7　国際理解、国際親善　主題名　**国境をこえたおもいやり**

1　ねらい

他国の人々や文化を理解し、日本人としての自覚をもって親善しようとする心情を育てる。

2　教材の概要

1890年、トルコのエルトゥールル号が日本の沖で沈没した際、日本人がその生存者を手厚く看護し本国に送り届けた。トルコでは遠い異国でのこの出来事が語り継がれ、100年後のイラン・イラク戦争時にはトルコ政府が飛ばした2機の飛行機がテヘランに残った215人の日本人を救出した。二国の友好は現在に至るまで続いている。

3　教材を生かすポイント

○ 2020年の東京オリンピック開催等、児童の海外への関心が高まっている。他教科、領域との関連を図ることで、他国に関心をもち国際親善に努めようとする心情や態度を育てることができる。

○ 児童にとって遠い異国であるトルコと日本との歴史上の関わりは、初めて知る驚きとともに、日本人としての自覚と誇りをもつことができる。

○ 歴史的に難しい事実もあるので、黒板に二国の関係を時系列で表した年表を示す。

4　本授業の展開

学習活動と主な発問等	●指導の手立て　◆板書の工夫
1 トルコについて知る。	◆地図や写真を準備して、トルコを身近に感じさせる。
2 教材「エルトゥールル号」を読んで話し合う。	●年表に整理しながら、条件、状況を確認する。
二つの国の間にあるものは何だろう。	
Q1 大島村の人々は、エルトゥールル号の乗組員をどんな思いから救ったのでしょうか。 **2-1**	●貧しく飢えに苦しんでいても人の命を救おうとする日本人の姿に誇りをもてるようにする。
Q2 トルコ政府はなぜ日本人のために飛行機を用意したのでしょうか。 **2-2**	●昔の出来事に恩返しをしたいというトルコ政府の心に感謝する日本人の心にも触れる。
Q3 なぜ日本とトルコは手を差し伸べ合うのでしょう。 **2-3**	●少人数のグループで話し合い、考えを深めたり広げたりする。
3 二つの国の間にあるものは何かを考え、ワークシートに書く。	●二国の関係について自分はどう思うかを書かせる。
4 教師の話を聞く。	●東京オリンピックなどを話題にし、国際親善への意欲をもたせる。

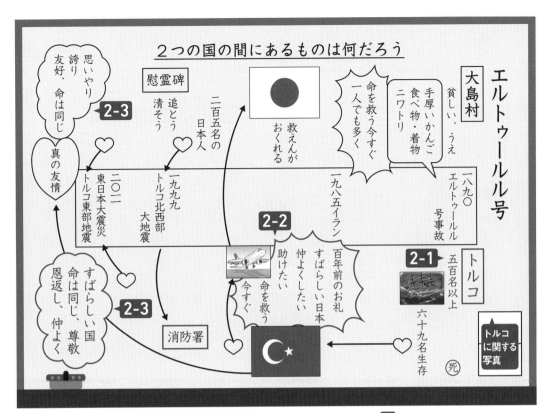

3

Q3 では、国が違っていて
も命の尊さは同じであるこ
と、感謝や思いやりの心は
国同士の間にもあること、
絆や友好を深めることが平
和な世界につながることな
どに考えを深めていく。

2

Q2 では、100年前に助け
てもらった恩を忘れず、危
険を顧みずに国を挙げて日
本人の命を救おうとするト
ルコ政府の行動に感動でき
るようにする。

1

Q1 では、場面絵を貼るな
どして、貧しい村の日本人
が異国の遭難者の命を懸命
に助けようとする姿を押さ
え、日本人としての誇りを
感じさせるようにする。

て、視覚的に関係が分かるようにする。

準備するもの・作り方

○ ワークシート
　　💿 6 –27– 1
○ 二国の国旗
　　💿 6 –27– 2 、3
○ 場面絵2点
　　💿 6 –27– 4 、5
○ トルコに関する写真

障害のある児童への手立て

○ 時代を超えた二国の友好関係は、教材を読
　むだけではつかみにくい。板書は二国を上
　下に分け、チョークで色分けするなどし

評価のポイント

○ 少人数のグループで話し合い、日本とトル
　コが手を差し伸べ合う理由を、多面的・多
　角的に考えているか。
○ 日本人の気高さに誇りをもち、日本人とし
　ての自覚をもって他国の人々と友好を深め
　る大切さについて考えているか。
○ 二つの国の間にあるものは、時代も国境も
　超えた人と人との絆であることを自分の言
　葉でワークシートに記入しているか。

6年 教材名 白旗の少女

出典：東書

C7 国際理解、国際親善 | 主題名 平和と国際親善のために

1 ねらい

世界の人々と共存していることを理解し、国際親善に努めようとする心情を育てる。

2 教材の概要

太平洋戦争を経験した富子は、仲間と共にニューヨークの平和行進に参加する。沖縄の戦場で白旗を持って投降した当時7歳の自分を撮影したアメリカのカメラマンと再会するためである。そして、43年ぶりにその人ヘンドリクソンさんと再会を果たす。

3 教材を生かすポイント

○ 様々な学習において他国の人や文化に触れる機会が増えてくるこの時期に、積極的に交流したり親しくしたりしようとする国際親善の態度を養うことが大切である。

○ 本教材は、戦争で敵同士であったのにもかかわらず国際親善のために進んで活動した人々の姿が描かれている。他国の人々との交流に積極的に活動している児童の様子や思いを綴った作文を紹介することも効果的である。

4 本授業の展開

学習活動と主な発問等	●指導の手立て ◆板書の工夫
1「戦争」のイメージについて話し合う。	●話合い後、白旗の少女の写真を提示し、本時の教材名を板書する。
2 教材「白旗の少女」を読んで話し合う。	●白旗の少女の立場で読み聞かせを聞くようにさせる。
世界の人と交流するために、どのような心が大切なのだろう。	
Q1 白旗で降伏した7歳の自分の写真を見つけた「わたし」は、どんな思いだったでしょう。 **2-1**	●実際に白旗を振ってみせ、降伏したときの思いを実感的に考えさせる。
Q2 カメラマンに会いたいと思う気持ちに変わっていったのはなぜでしょう。 **2-2**	◆時間の経過とともに変化していく「わたし」の気持ちを整理して板書し、比較しながら話し合えるようにする。
Q3 カメラマンは、なぜ写真集の中に白旗の少女を載せたのでしょう。 **2-3**	●カメラマンの立場で話し合う中で、他国の人々の思いを考えさせる。
3 世界の人々と交流するために、どのような心を大切にしたいか話し合う。 **3**	●ALTやオリンピック等、他国の人々との交流について想起しながら、自分の考えをワークシートに書かせる。
4 オリンピックの五輪マークに込められた意味について教師の話を聞く。	●『私たちの道徳』の「世界の人々とつながって」のページを生かすこともできる。

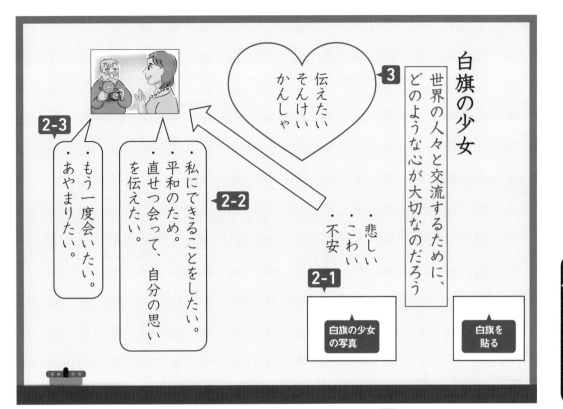

3

Q3 では、世界の人々と交流するために大切にしたい心について、児童の意見をハートの中に板書していく。

2

Q2 では、再会した場面絵を左上に提示して矢印を書く。時間が経過し、変化した「わたし」やカメラマンの思いを想像した児童の意見を整理して板書する。

1

Q1 では、白旗を活用しながら、戦時中敵であったカメラマンや戦争に対しての気持ちを考えさせ、写真を右下に貼る。使用した白旗も貼る。

準備するもの・作り方

○ ワークシート
　　💿 6 –28–1
○ 白旗の少女の写真
○ 白旗（磁石つき）
○ 場面絵１点
　　💿 6 –28– 2

ICT の活用

○ 導入や自分を見つめる場面で、ALT との活動の様子やオリンピックの画像を紹介する。他国の人との交流場面を具体的に想起させることで、自分との関わりで考えられ

るようにしたい。

評価のポイント

○ 他国の人の立場や思いを考えているか。
○ 世界の人々と交流をするために、大切にしたい心を考え、自分の考えをもっているか。
○ ワークシートへの記述や発言等から評価する。

6年

教材名

その思いを受けついで

出典：学研、教出、日文

D1　生命の尊さ　｜　**主題名　生きることについて学ぶ**

1　ねらい

限りある命の尊さや命のつながりを感じ、命ある限り力強く生きようとする心情を育てる。

2　教材の概要

祖父が余命3か月だと聞かされた大地。大地は次の日から毎日病院へ通い、祖父との残りわずかな時間を過ごす。しかし、大地と祖父の思いとは裏腹に次第に祖父の体力は落ち、祖父の命は終わりのときを迎える。悲しみに打ちひしがれる大地だったが、祖父が自分に宛てて綴った手紙を読み、祖父の温かく強い思いを感じ取った。

3　教材を生かすポイント

○ 死について誤った理解をしている児童もいる。「命あるものにとって死は絶対に訪れること」「死から学びがあること」を導入の段階で押さえてから教材提示に進みたい。

○ 身近に死を感じたことのない児童もいる。終末では、教師にとって身近な人の命について感じたことを伝えると効果的である。身近な人の命から学んだことを教材とは違った角度で語るのもよい。

4　本授業の展開

学習活動と主な発問等	●指導の手立て　◆板書の工夫
1 大切な人のことを思い浮かべる。「命あるものには必ず死が訪れること」を確認する。	● 教材の人物が大切な人の死から生きることについて学ぶことを伝え、学習テーマを板書する。
限りある命から生きることについて学ぼう。	
2 教材「その思いを受けついで」を読んで、話し合う。 **Q1** 毎日、病院にお見舞いに行く大地は、どんな気持ちでおじいちゃんと過ごしていたでしょう。 **2-1** **Q2** おじいちゃんが亡くなったとき、大地はどのようなことを思ったでしょう。 **2-2** **Q3** 大地は、おじいちゃんの死から生きることについてどのようなことを学んだでしょうか。 **2-3**	◆ 大地の絵を貼り、大地の気持ちを考えながら読むように伝えてから教材提示を行う。 ● じいちゃんの手紙について補足する。その際、予め用意しておいたものを貼ることで、大地の心情を考えやすくする。 ◆ 手紙からじいちゃんの思いを受けて、大地の思いが大きく広がっていくことを描く。
3 生きることについて考えたことをワークシートに書く。 **4** 身近な人の命から学んだことについて教師の話を聞く。	● 一人一人がじっくり考え言語化できるようにする。 ● 有限性、連続性のどちらの視点から話しても学びがある。

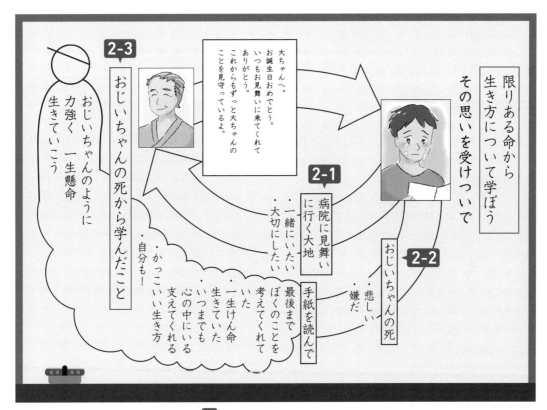

3

Q3 では、ペアで意見を伝え合った後に発表させる。左上を見上げるような形の人型で囲む。

1

Q1 では大地とおじいちゃんの絵を離して貼り、その真ん中あたりに児童の意見を書く。書いた後、おじいちゃんのほうへ向かっているように矢印型で囲む。

2

Q2 の後、児童の意見を下に板書していく。その際、幅を大きく取るようにして、思いが大きくなっているように囲む。

は、力強く未来に向かおうとする立ち姿を描きたい。

準備するもの・作り方

○ ワークシート
　6-29-1
○ 登場人物の絵2点
　6-29-2、3
○ じいちゃんの手紙
　6-29-4

板書を生かして盛り上げる工夫

○ 矢印で囲むことによって、思いがつながっていることや大きくなっていることを視覚的にも捉えさせたい。中心発問の囲みで

評価のポイント

○ 中心発問で、生命について多面的・多角的に考えられるように共有させ、発言、様子から学習状況を評価する。
○ 学習活動3で、生きることについて一人一人が自己の生き方に照らして考えられるように、個人作業のしやすい環境を整える。

教材名

命の旅

出典：光村

D1 　生命の尊さ

主題名 命のつながり

1 　ねらい

　他の生命とのつながりを感じ、自他の生命を尊重しようとする心情を育てる。

2 　教材の概要

　北海道の知床では夏が終わる頃、カラフトマスやシロザケが広い海から小さな川へと産卵をしに戻ってくる。そのマスやサケをねらってキツネやヒグマや鳥たちが川に集まる。子孫を残すために川を上る魚たちは、冬を越す動物たちの命もつないでいる。我々人間も魚を食べる。命の詰まったご飯をいただくのである。

3 　教材を生かすポイント

○SDGsの学習は教科横断的に行うことによって深まる。道徳科では主に心情面を育てたい。社会科や総合的な学習の時間、図書等で既習の知識もあるが、児童の個人差は大きい。授業前に教科書にあるコラムを紹介することが効果的である。

○本教材は、知床の川に戻るサケやマスを中心とした命のつながりを説明した文章である。書かれている事実に感動した心情を丁寧に拾い上げることで、児童自身のこととしてつなげていきたい。

4 　本授業の展開

学習活動と主な発問等	●指導の手立て　◆板書の工夫
1 普段あまり考えない、食卓に並ぶものの生命について考えることから、学習に向かう姿勢をもつ。	●鮭がメニューに入った朝食の写真を黒板に掲示する。
他の生命との命のつながりについて考えよう。	
2 教材「命の旅」を読んで話し合う。 **Q1**「命の旅」を読んでどのようなことが心に残りましたか。**2-1** **Q2**「ありがとう。いただきます。」にはどんな思いが込められていますか。**2-2** **3** 自分と他の生命のつながりについてどのようなことを考えたか伝え合う。**3**	●それぞれの感動を共有させていくために、会話をつなげていく。 ◆それぞれの動物や場面を想起しやすいように写真を掲示したり、川を描いたりする。 ◆自他の生命が関わっていることが分かるように「命」等のキーワードに傍線を引く。 ●教材から離れて、概念的な言葉を拾いつつ、自分の経験を具体的につなげて考えさせるようにする。
4 今まで学んできた環境教育も、他の命を大切にすることにつながっていることについて考える。	●教師の話から、他教科との関連を意識させる。

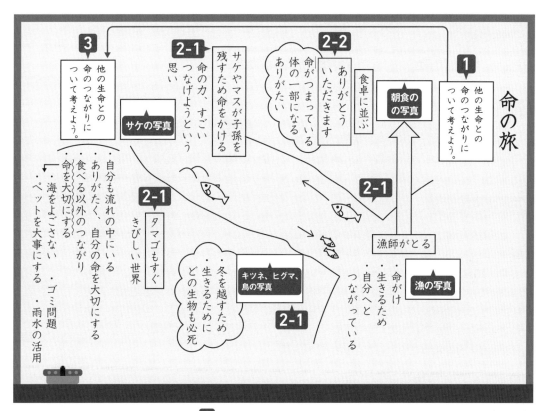

3

学習活動3では、テーマの短冊を黒板の左へ移動させてから発問する。児童の発言から「命を大切にする」等は具体的にどういうことかも問い返すことで考えさせたい。

1

Q1 では児童から出てきた場面の写真を貼りながら、事実の確認をする。児童が思いを述べていない場合は、どう思ったかを補助的に問う。

2

Q2 では、食卓に並んでいる事実とその思いから発問につなげる。この言葉が、他の生物に向けられていることを確認してから発問する。

図からも捉えられるように声をかけたい。

準備するもの・作り方

○ ワークシート
　　6 -30- 1
○ 朝食、サケ、漁の写真。キツネ、ヒグマ、鳥の写真（教科書掲載のものを拡大するとよい）
○ 短冊
　　6 -30- 2

板書を生かして盛り上げる工夫

○ 児童が感動したことを書き加えながら、一つの大きな図にしていく。ひととおりできたところで、生命がつながっていることを

評価のポイント

○ 生命のつながりについて多面的・多角的に考えているか。
○ 他の生命とのつながりについて、自己の生き方に照らして考えているか。
○ 発言や様子、ワークシートの記述等から学習状況を評価する。

6年

教材名

チョモランマ清掃登山隊

出典：学研

D2　自然愛護　　｜　主題名　自然との共存

1　ねらい

かけがえのない自然の大切さを理解し、自然との共存の在り方を考え、自然と共によりよく生きていこうとする心情を育てる。

2　教材の概要

登山家の野口健さんがチョモランマや富士山で行っている登山清掃を通して、人間と自然との共存の在り方や自然環境に対する意識改善を呼びかけている内容である。

野口健さんの体験やメッセージから、自分たちの生活が自然とともに歩んでいるということに気付かせ、自然環境を守り自然と共存してい

こうとする心情を育むことができる。

3　教材を生かすポイント

○ 林間学校や遠足などでの自然体験活動や、児童が自然と触れ合った経験を基に、エベレストや富士山で起きている問題について考えさせたい。

○ 野口さんの経歴や清掃登山活動について総合的な学習の時間や社会科の授業など教科横断的な学習システムを組むことで、児童自身に問いが生まれる。野口さんの心についての問題を道徳の授業で扱うことで、より深い学びが期待できる。

4　本授業の展開

学習活動と主な発問等	●指導の手立て　◆板書の工夫
1 問題意識を高める。 **Q1** 写真を見て、問題を見つけましょう。	● エベレストや富士山の美しい写真とゴミであふれた写真を比較することで、何が起こっているのかを物や人との関係を通して考え、問題意識を高めたい。
自然との付き合い方について考えよう。	
2 教材「チョモランマ清掃登山隊」を読んで話し合う。 **Q2** 野口健さんが感じている自然環境についての問題は何ですか。 **2-1** **Q3** 野口健さんが清掃登山を続けるのはどのような思いからでしょうか。 **2-2**	●「マナーは三流」「世界で最もきたない山」などのキーワードを基に野口さんの気持ちを共感的に考えさせつつ、自然環境で起きている問題についてしっかりと捉えさせたい。 ◆野口さんの心と行動を多面的・多角的に捉えさせるために、構造的に板書することで、清掃登山活動を支える心について深く考察させたい。
3 本時の学習を振り返って考える。 **Q4** 自然環境を守るということについて、考えをまとめましょう。	●学習を通して、自然の大切さについて改めて考え、自分の考えや思いを自分事として深めさせたい。

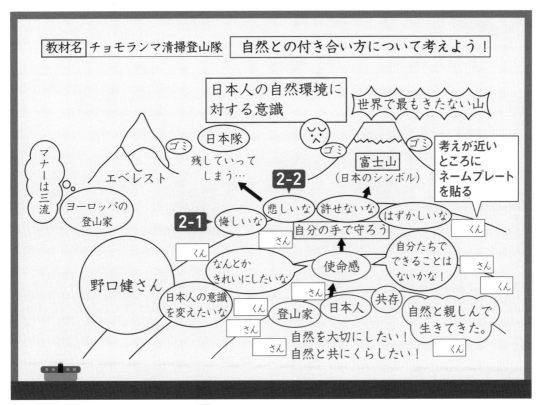

3

清掃登山活動を行う野口さんを通して学んだことをきっかけとして、同じように自然環境を守っている人々について調べさせ、自分でできそうな活動について具体的に提案させたい。

1

エベレストや富士山の自然環境に関する資料を提示して、何が起きているのかをしっかりと捉え、何が問題なのか学級全体で考察していく中で、学習テーマにつなげていきたい。

2

❸で野口さんの心の深層を考えた後、児童自身はどの心に共感できるのか、ネームプレートを貼らせて理由を考えることで考えを深めさせていきたい。

○ 野口さんの心を層的に構造化させ、野口さんの清掃登山の原動力を考えさせることで、より考えを深めさせたい。

準備するもの・作り方

○ ワークシート
　　6-31-1
○ 美しいエベレストや富士山の写真、ゴミであふれ環境汚染をしているエベレストや富士山の写真
○ ネームプレート（マグネット）

板書を生かして盛り上げる工夫

○ エベレストや富士山で起きている問題を、野口さんが俯瞰的に見ているように板書することで、野口さんを通して自分の問題として捉えられるようにしたい。

評価のポイント

○ エベレストや富士山で起きている問題について、野口さんの行動や心情を通して多面的・多角的に考えているか。
○ 自然環境を守ることの大切さを、自分事として考えているか。
○ ワークシート、児童による板書、発言等から評価する。

6年

教材名
タマゾン川

出典：東書

D2	自然愛護	**主題名** 自然の命を守る

1 ねらい

日本の環境における外来生物種が与える影響について理解し、自ら自然を大切にしていこうとする態度を育てる。

2 教材の概要

外来生物種を川に捨てたために、生態系が崩れてしまっている多摩川の現状がある。自然環境の現状を捉えるだけでなく、このような問題がなぜ起きたのかを考えていく中で、方法論的な解決策を窓口に、自然への向き合い方やこれまで祖先が大切にしてきた自然に対する思いを深く考えることができる教材である。

3 教材を生かすポイント

○ 多摩川の実態を理解することで、「どうして今までいた動植物がいなくなったのか？」「今まで人々は何をしてきたのか？」などの問題意識をもち、学習テーマに関連付けて学習に取り組むことができる。

○ 多摩川の自然環境を改善するための話合いから、日本人がもっている自然と共生する心についても考えることが大切である。

○ 自然と人間とを対立的に見るのではなく、自然と共に生きてきた日本人の心にも触れ、その伝統的な自然観を自分たちも受け継いでいくことの大切さにも触れたい。

4 本授業の展開

学習活動と主な発問等	● 指導の手立て　◆ 板書の工夫
1 問題意識を高める。 　**Q1** 多摩川で起こっている問題とは何でしょう。**1**	● 多摩川で起こっている問題を、どのような心が働いているからかと関連させて考えていきたい。
多摩川の自然を守るためにどうしたらよいか。	
2 教材「タマゾン川」を読んで話し合う。 　**Q2** どうして外来生物種を捨ててしまう人がいるのでしょう。**2**	● 外来種のペットを捨ててしまう人を悪とするのでなく、自分にもそのような心があるという人間理解の部分を大切にしていきたい。 ◆ 外来種のペットを川に捨ててしまう人と、このような人に対してどう向き合うかという自分を比較できる板書にしていきたい。
3 自分を振り返って考える。 　**Q3** 人はもともと、自然に対してどのような心をもっているのでしょうか。**3**	● 学習を通して、自然環境や動植物を大切にしたいという積極的な心を自分事として考えさせたい。

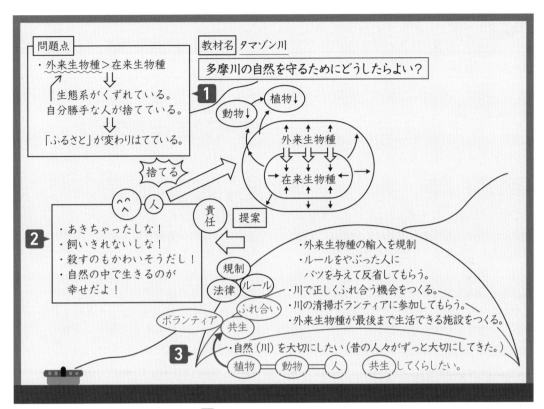

問題点
・外来生物種＞在来生物種
　⇩
　生態系がくずれている。
　自分勝手な人が捨てている。
　⇩
　「ふるさと」が変わりはてている。

教材名 タマゾン川
多摩川の自然を守るためにどうしたらよい？ 1

捨てる　植物↓　動物↓
外来生物種　在来生物種
人　責任　提案

2
・あきちゃったしな！
・飼いきれないしな！
・殺すのもかわいそうだし！
・自然の中で生きるのが
　幸せだよ！

規制　法律　ルール
ふれ合い　共生
ボランティア

・外来生物種の輸入を規制
・ルールをやぶった人に
　バツを与えて反省してもらう。
・川で正しくふれ合う機会をつくる。
・川の清掃ボランティアに参加してもらう。
・外来生物種が最後まで生活できる施設をつくる。

3
・自然（川）を大切にしたい（昔の人々がずっと大切にしてきた。）
植物　動物　人　共生　してくらしたい。

　　　　　　　　　　　　　　　　　　　　　　　　　D
主として生命や自然、崇高な
ものとの関わりに関すること

3
自然の偉大さに心を動かされた経験を通して、学んだことを基に、自然や動植物を粗末にしないだけではなく、積極的になって自分事のように思って接する態度も育成したい。

1
多摩川の自然環境に関する資料（生態系や歴史的なもの）を提示して、何が起きているのかをしっかりと捉え、何が問題なのか学級全体で考察していく中で、学習テーマにつなげていく。

2
外来生物種を捨ててしまう人を罰するという方法論的な解決策だけではなく、そのような人の心にどのように訴えて共に多摩川の自然を守っていくのかという共生の観点を大切にしたい。

て対話していきたい。

準備するもの

○ ワークシート
　　6 -32- 1
○ 多摩川の生態系や自然環境の歴史に関する
　資料

板書を生かして盛り上げる工夫

○ 多摩川の自然環境の変化を、児童が思考ツール等を使って説明し、問題を全体で共有できるようにする。
○ 解決策を行動と心情面の視点で考察し、外来生物を捨ててしまう人の心をどのようにして変えていくかという問題意識をもっ

評価のポイント

○ 多摩川の自然で起きている問題について、周辺で生活する人々の立場や状況を行動面・心情面を通して多面的・多角的に考えているか。
○ 自然環境や動植物を大切にしたいという積極的な心を自分事として考えているか。
○ ワークシート、児童による板書、発言等から評価する。

D3　感動、畏敬の念　｜主題名　**清らかな心**

1　ねらい

人間の心の美しさや気高さを尊び、清らかな心を求め生きようとする心情を育てる。

2　教材の概要

了海は主人殺しの罪滅ぼしに、僧になり世の人々の助けになろうと全国を巡る。そして、岸壁の鎖渡しで命を落とす人々のために洞門をのみで掘り抜くことを決心する。その中で了海の仇討ちをねらう実之助が現れる。しかし、村人の願いもあり、洞門の完成まで仇討ちを待つ。了海を手伝う中で実之助も心を打たれる。美しい心は恩讐を超えさせる力をもつ感動的な作品である。

3　教材を生かすポイント

○ 人間の心と行動で感動した経験を共有し対話していく中で、何が心を動かせるのか、美しい心とは何かを考え、テーマをもって展開に入りたい。

○ 時代背景や各場面での心情を捉えながら、2人の心を変えたもの（原動力）について深く考える発問を中心に展開していく。

○ 清らかな心は児童自身の内にもあることに気付かせ、自分の中でどう発揮されるのか自己の可能性を考える中で、自分事として捉えさせていきたい。

4　本授業の展開

学習活動と主な発問等	●指導の手立て　◆板書の工夫
1 自己の学習問題を見つけ、考えようとする。 **Q1** 人の行動で感動したことありますか。また、それはなぜですか。	●行動と心を取り上げて対話していく中で、普通の人との違いは何かを考えることでテーマへつなげていきたい。
清らかな心とは、どんな心か考えよう。	
2 教材「青の洞門」を読んで話し合う。 **Q2** 了海は、どうして19年間も休まずに掘り続けることができたのでしょう。　**2-1** **Q3** 実之助の心を変えたものは、何だったのでしょう。　**2-2**	◆「罪滅ぼし」という言葉から、19年間の月日を数直線で板書することで、時間の長さからその思いの強さを考えさせたい。 ●対話を通して、自分とは異なる考えが自分の考えとどのように関係しているのか、共通点、相違点を捉えながら畏敬の念についての理解に迫っていきたい。
3 自分の経験と重ねながら、清らかな心とはどんな心か、自分の言葉で振り返る。	●学習を通して、了海や実之助の心の気高さについてじっくりと考え、全体で共有することで自分事として捉えさせたい。

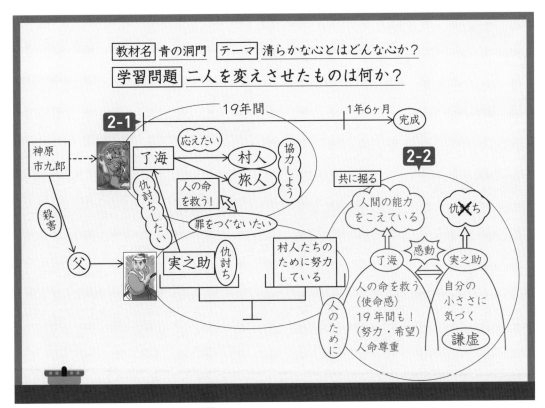

2

実之助も了海を探すことに
人生をかけてきたのだとい
うことを強調し、心が変容
したことは実之助にとって
大変なことであることを確
認してから発問したい。

1

教材を読んだ後には、教材
のよさをダイナミックに捉
えさせることで、児童の意
識や問題を共有化しなが
ら、教材の中にあるテーマ
を発見させ、追求していき
たい。

3

人間の清らかな心につい
て、本時の学びを通して分
かったことはどんなこと
か、友達の考えから自分に
生かしたいところはどこな
のかという視点をもたせ
て、自己を見つめさせたい。

で、２人の意志を変えたものという学習問
題を明確化する。

準備するもの・作り方

○ ワークシート
 6 –33– 1
○ 登場人物の絵２点
6 –33– 2 、3

板書を生かして盛り上げる工夫

○ 授業全体の流れを俯瞰する見取り図や相関
図のように板書を構成する。
○ 物語の流れを横軸に、意志や心情と度合い
を縦軸に表し、それらの動きを矢印などを
使って図示する。
○ ２人の結末を比較するように配置すること

評価のポイント

○ 罪を犯したことを悔い改め、19年もの間洞
穴を掘り続けた了海の心の気高さについて
多面的・多角的に考えているか。
○ 了海のように、よりよく生きようとする強
い気持ちが、人間が本来もっている力を超
えるような力を生み出し、人の心を動か
す、畏敬の念のよさを実感しているか。
○ ワークシート、児童による板書、発言等か
ら評価する。

D4 よりよく生きる喜び 主題名 **信念をもつ生き方とは**

1 ねらい

人間の気高さについて話し合い、信念をもつ生き方をしようとする心情を育てる。

2 教材の概要

マザー・テレサは貧しい人たちのために働くことを決意し、修道女になる。親のいない子供や身寄りのない人々に手を差し伸べ、すべてを受け入れる母親の愛をもって、献身的な活動を続けた。その活動は世界中に知られるようになり、ついにはノーベル平和賞を受賞する。「質素なことは美しいこと」という信念をもって活動を続け、彼女の死後も世界各地で活動が引き継がれている。

3 教材を生かすポイント

○ マザー・テレサの生涯について授業前に伝記や資料などを紹介しておくと、彼女の生き方について理解しやすくなる。また、授業後に総合的な学習の時間などと併せてボランティアやノーベル平和賞などの学習をすると理解を深めることができる。

○ よりよく生きることは、これからの生き方を考える上でとても大切である。マザー・テレサが信念をもって活動をしてきたことに注目して、話し合うようにすることが効果的である。

4 本授業の展開

学習活動と主な発問等	● 指導の手立て　◆ 板書の工夫
1 マザー・テレサが残した言葉から感じたことを話し合う。	● マザー・テレサの言葉のもつ意味について考え、教材について興味をもたせる。
2 教材「マザー・テレサ」を読んで話し合う。	● 教材から感じたことを基に話合いのテーマへとつなげる。
マザー・テレサから学ぶことは何だろう。	
Q1 テレサが貧しい人のために働こうと思ったのは、どんな思いからでしょう。**2-1**	◆ 貧しい人とはどのような人か、誰のために働こうとしていたのかを明らかにする。
Q2 テレサの「質素なことは美しいこと」という信念は何でしょう。**2-2**	◆ 質素でいることとは何かを話し合い、そのよさについて示していく。
Q3 テレサの信念を大切にする生き方から学ぶことは、どんなことでしょう。**2-3**	● 信念を大切にした生き方をするためにはどんな気持ちが大切なのか考えさせる。
3 テレサから学んだことを基に、自分の生活を振り返る。	● マザー・テレサの言葉や生き方から自分の生活に生かせることをノートに書かせる。
4 これからの生き方についてどんな学びがあったのか、感想を話す。	● 友達と同じ意見の場合には、挙手をしたり、マグネットを貼ったりさせる。

マザー・テレサ

マザー・テレサ の写真

あなたが持っているものをみなで分かち合ってください。まずはやさしさを自分の家族にあたえてみましょう。愛は身近なところから世界へと広がっていくのです。

貧しい人

お金がない　家がない　食べ物がない
服がない　病院に行けない　死にそう

2-1
・かわいそうだから
・同じ人間だから助け合いたい
・自分が貧しくなることもあるから

2-2
本当に必要な人を知ること
心が豊かなことが美しい
自分を犠牲にできる
誰にでもやさしいこと

「質素なことは美しいこと」

2-3
○テレサの信念を大切にする生き方から学ぶことは

・お金や名誉よりも身近な人を大切にする。
・自分だけではなく、周りの人も幸せにする。
・心を豊かにすることが他の人も豊かにできる。
・自分が分けられるものを探す。

D 主として生命や自然、崇高なものとの関わりに関すること

3
それぞれの思いを出し、似ている意見にマグネットを貼る。

2
テレサの信念と貧しい人のために働こうとする気持ちとの関係について多面的に捉える。

1
貧しい人のイメージと、テレサがどんな思いから働こうと考えたのかを多角的に考える。

うなことができるのか考えることを通して、テレサの活動のよさに気付かせることも考えられる。

準備するもの

○ ワークシート
　🔵 6-34-1
○ マザー・テレサの写真
○ ネームプレート（マグネット）

板書を生かして盛り上げる工夫

○ 児童にそれぞれネームプレートを持たせ、自分と同じ考えや意見について黒板に貼り、話合いに参加しようとする意識を高める。
○「テレサの生き方についてどのように思うのか」と発問をして、自分だったら同じよ

評価のポイント

○ 貧しい人のために働くことと信念との結び付きについて話し合うことで、テレサの活動はどのような思いから行われているのかを多面的・多角的に考えているか。
○ テレサの生き方から学んだことからこれまでの生活を振り返ったり、自分の生活に生かそうとしているか。
○ 発言やワークシートの記述などから評価する。

教材名

義足の聖火ランナー ―クリス・ムーン―

出典：東書

D 4　よりよく生きる喜び　主題名 **困難を乗り越える人間の強さや気高さ**

1　ねらい

人間には弱さと、それを乗り越えようとする強さや気高さがあることを理解し、人間として生きる喜びや誇りを感じ、よりよく生きようとする心情を育てる。

2　教材の概要

本教材は、長野オリンピック聖火リレーで最終区間のランナーを務めたクリス・ムーンさんの生き方が描かれている。地雷除去作業中の事故で右手足を失ったクリスさんは、地雷による被害から世界中の人々を救うため、チャリティーマラソンに挑戦し、世界中に平和の大切さを訴えている。

3　教材を生かすポイント

○ 事実に基づく教材であり、クリスさんの写真や著書、地雷の資料、映像などを効果的に生かす。

○ クリスさん本人は著書の中で「僕が走る目的」を四つ挙げている。「障害者は自分が本気にさえなれば、自分や周囲が決めた限界を超えて何でもできるのだということを知ってほしい」「つらいことに向き合ったときに、どう生きていくのかが大切」など。原文を紹介し、本人の思いに迫ってもよい。

4　本授業の展開

学習活動と主な発問等	●指導の手立て　◆板書の工夫
1 クリス・ムーンさんについて知る。	● 写真から気付いたことや気になることなどを発表する。略歴を紹介し、今現在もマラソンランナーであることを伝え、教材への問題意識をもたせる。
クリス・ムーンさんは、なぜ走り続けるのだろう。　**1**	
2 教材を読んで、話し合う。 **Q1** 「少しも落ち込んだりしていない」と強く思うクリスさんをどう思いますか。 **2-1** **Q2** サハラマラソンを走るクリスさんを支える思いとは、どんな思いでしょう。 **2-2**	● 「本当に少しも落ち込んでいなかったのか」と問い返し、苦しみやつらさを抱えながらも乗り越え、生きようとする人間の強さや気高さを考えさせる。 ◆ クリスさんの苦しみや不安と強い意志を対比させて板書する。 ● 自分の考えを書いた後、小グループで意見交流させる。 ◆ 全体での話合いでは、**Q1** の苦しみや弱さを表す言葉と関連させる。 ● 話合い後に、本人の著書からの言葉を紹介してもよい。
3 クリスさんの生き方や考えから学んだことについてまとめる。	● 授業を振り返ってワークシートに書くことで、自分の考えをまとめさせる。

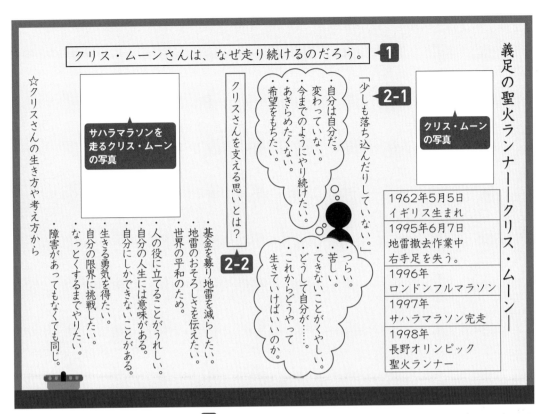

3

Q2 では、なぜ健常者と一緒のコースを走るのかと補助発問をし、クリスさんの考え方を捉えさせる。**Q1** の板書とつなげて考えさせる。

1

教材を読んだ後、学習テーマを中央上段に板書する。また、すべての児童の内容理解を促すために、略歴を基に確認する。

2

Q1 では、クリスさんの心の奥にある苦しみや弱さを引き出し、「少しも……」から伝わる強さや気高さを共有する。

D 主として生命や自然、崇高なものとの関わりに関すること

準備するもの

○ ワークシート
　6–35–1
○ クリスさんの写真の他、地雷被害者や地雷撤去の様子の画像等
○ クリス・ムーン著、吹浦忠正監修、小川みどり訳『地雷と聖火』青山出版社、1998年
○ 長野オリンピックの開会式に関するインターネット動画

ICT の活用

○ 本人の姿、地雷撤去作業や被害者の写真、また必要に応じて映像を画面で大きく見せることで、リアリティを高めながら話し合えるようにする。

評価のポイント

○ クリスさんを支えた思いから、人間の弱さや強さ等を自分なりに捉えて考えているか。
○ よりよく生きる生き方について関心を広げ、自分の生き方にもつなげて考えを深めているか。
○ 発言、ワークシートへの記述、自己評価等から評価する。

5

特別支援学級高学年の
道徳の板書

A2　正直、誠実　｜　主題名　約束について考えよう

1　ねらい

　相手の感じる悲しい思いを想像することを通して、約束を守ろうとする心情を高める。

2　教材の概要

※P.104の「教材の概要」を参照。

3　特別支援教育の観点

　特別支援学級の児童には、大切なことを繰り返し指導することがとても重要となる。本教材の場合、「あなたがしたことを○○君はどう思うかな？」の延長線上で「男の子が悲しい思いをするから、約束は守らなければならない」と

いうことを大切だと思ってほしいと考えた。

　そのため、よく展開で活用される「手品師の迷い」に焦点を当てる展開ではなく、

① 手品師には大劇場と男の子の前という場の選択肢があることを捉えさせる。

② 「大劇場に行ってしまったら（約束を守ってくれなかったら）、男の子はどんな気持ちになるか」について、多面的・多角的に、そして自分事として考えさせる。

という展開を考えた。

　特に、男の子の気持ち（出会いの喜びや期待、一方で、実現されなかったときの悲しみや人に対する不信感など）をみんなでじっくりと考えられるようにしたい。

4　本授業の展開

学習活動と主な発問等	● 指導の手立て　◆ 板書の工夫
1 本時のめあてを知る。	◆ 板書をしてめあてを伝え、日常の中の約束について思い起こさせる。
約束について考えよう。	
2 教材「手品師」を読んで話し合う。　Q1 手品師は明日、どこと、どこで手品をすることで迷っていますか。 2-1	◆ 選択肢が分かりやすいように板書で視覚支援をする。
Q2 大劇場に行くと、どんなよいことがありますか。 2-2	● 実利（金銭、名声など）があることなどから、そちらを選びたくなる心情をつかませる。
Q3 **手品師が大劇場に行ってしまったら、男の子はどんな気持ちになりますか。**	● どんな言葉を言いたくなるか、どんな仕草をするかなどの言葉をかけ、「自分だったら……」と考えさせる。
Q4 「約束したこと」も考えたとき、手品師はどうすればよいでしょう。	◆ 大劇場に「行きたい」という部分と「男の子の様々な（主に悲しい）思い」を対比させて考えられるようにする。
3 約束を守って過ごすことのできた例を教師から聞く。	● 一人一人の事例を集めておき、称揚すると同時に、約束した相手が学級内にいる場合は約束を守ってもらったときの思いを語ってもらう。

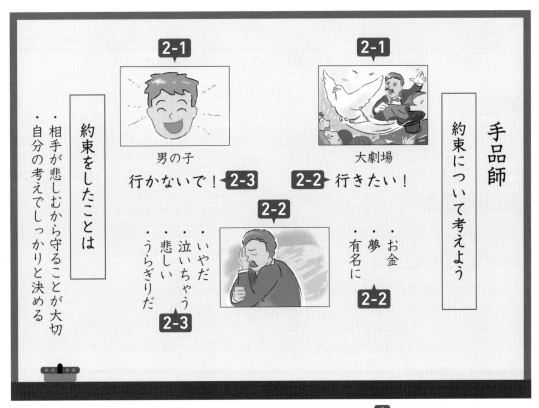

3

Q3 では、自分たちの経験
を想起させながら、手品師
が大劇場に行ってしまった
場合の男の子の気持ちを板
書するとともに、男の子の
「行かないで」という思い
を板書する。

2

Q2 では、大劇場に行くこ
とのメリットを挙げさせ、
それを板書する。普段の自
分たちの考え方と照らし合
わせながら、手品師が「行
きたい」と思っていること
を捉えさせ、板書する。

1

Q1 では、手品師、大劇
場、男の子の顔の場面絵を
それぞれ貼り、手品師に
とって二択であることを分
かりやすくする。文字でも
書き加え、視覚からの情報
を増やす。

準備するもの・作り方

○ 手品師と男の子の顔及び大劇場の絵
（それぞれを表す文字もあるとよい）
🎵 T–01–1〜3

板書を生かした理解のための支援

○「行きたい！」は手品師の、「行かないで！」
は男の子のそれぞれの気持ちであるが、
Q4 で「どうするべきか」を考えるとき
には、自分（手品師）の気持ちと相手（男の
子）の気持ちを視覚的にも捉えながら考え
られるようにする。

評価のポイント

○ 手品師の「大劇場に行きたい」、男の子の「来
てくれないと悲しい」などの気持ちを自分
の経験を交えて捉えられたか。

○ 男の子の「行かないで！」という思いに、手
品師への様々な期待があることが捉えられ
たか。

○ 発言や表現の様子から、自分事として捉え
て手品師や男の子の気持ちを考えている
か、また、約束への期待を多面的・多角的
に捉えているかを見取る。

教材名
くずれ落ちただんボール箱

出典：学研、廣あ、東書、日文（以上5年）

B1　親切、思いやり　　主題名　**優しくすることについて考えよう**

1　ねらい

優しくする理由を考えることを通して、褒められなくても自分が気持ちよくなるために優しくしようとする意欲を高める。

2　教材の概要

※本書P.048の「教材の概要」を参照。

3　特別支援教育の観点

本教材は特別支援学級の児童にも比較的内容が理解しやすいと考えられるが、そのままでは分量が長い。そこで、児童に考えさせたいポイントを再現して、道徳的な問題の解決を促す。

まず、ここでの道徳的問題は「思いやりの気持ちも、誤解から怒られてしまうと、意欲が減退してしまう」ということであると捉えた。そこで、授業を通して「思いやりは誰かに褒められるためではなく、自分自身の納得のためである」という考え方に触れさせていきたい。

そのため、次のような場面を順次再現して児童に考えさせることとした。
① 小さい子が崩した段ボール箱を見た。
② 直していたら、店の人に叱られた。
③ それでもなお、段ボールを直し、無事にやり遂げる。

特に③で「怒られてもやり続ける理由」を多様に考えさせ、板書上でも表現したい。

4　本授業の展開

学習活動と主な発問等	●指導の手立て　◆板書の工夫
1 本時のめあてを知る。	◆板書をして、めあてを伝える。
優しくすることについて考えよう。	
2 教材「くずれ落ちただんボール箱」を基に話し合う。	●教師が場面を再現し、問題場面を把握しやすくする。
Q1 小さい子が段ボールを崩してしまいました。どうしますか。 2-1	●目の前で起こっていることで考えさせ、自分だったらどう考えるかを表現させる。
Q2 片付けをしていると、お店の人に怒られてしまいました。どんなことを思いますか。 2-2	●優しいことをしても、認められなければとてもいやな気持ちになることをつかませる。
Q3 怒られた後も片付けをしています。どうして続けているのでしょう。 2-3	◆いわゆるプラスの考えは場面絵の上のほうに、マイナスの考えは下のほうに書く（多様に考えさせるために、教師も補助をする）。
Q4 この中でかっこいいと思うのはどんなことですか。また、それはなぜですか。	●**Q3**で表現した板書の中から、理想となる考えを選ばせる。
3 優しくすることで、今日勉強になったことを交流する。	●一人一人が思ったことを発表し、教師は認め、励まして意欲化を図るようにする。

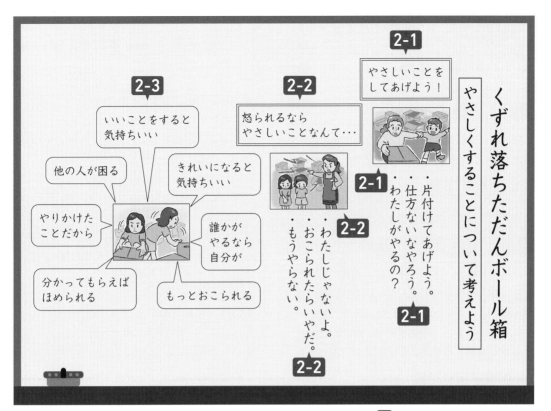

3

Q3 では、**Q2**での児童の考えとは異なり、片付けを続けている様子を場面絵で貼り、「なぜ続けられるのか」について、吹き出しに書き、多様な見方・考え方に触れられるようにする。

2

Q2 でも、状況理解の促進のため、怒った店員の絵を貼り、発言を書き留める。その後、それらを象徴するような言葉を書き、認められないと意欲がなくなることについて考えさせる。

1

Q1 では、はじめに段ボールを崩したまま立ち去る男の子の場面絵を貼る。児童の反応を板書した後、象徴するような言葉を書き、はじめは親切心があることを理解させる。

準備するもの・作り方

○ 場面絵3点
　　T-02-1〜3

板書を生かした理解のための支援

○ 板書の右半分（授業の前半）では、親切な行動はできるが、その基になっているものが「認められたい」というものであることについて、また、左半分では、他にも親切な行動の基になることはたくさんあることに心を向けられるようにする。

評価のポイント

○ 困っている人や状況を見たときに取るべき行動、また、それが時として行動として表せないことがあることを自分の経験を交えて考えられたか。

○ 親切な行動をするための動機は多様にあることを捉えられたか。

○ 発言や表現の様子から、自分事として捉えて親切な行動ができること、しにくい場合があることを考えているか、また、親切な行動への動機を多面的・多角的に捉えているかを見取る。

星野君の二るい打

特支　教材名

出典：廣あ、東書 (以上6年)

C1　規則の尊重　｜ 主題名　結果がよければいいのかな

1　ねらい

結果がよければよいのかということを考え、きまりを守ろうとする判断力を高める。

2　教材の概要

※本書 P.134 の「教材の概要」を参照。

3　特別支援教育の観点

本教材の場合、特別支援学級の児童にそのまま読み物として与えて考えさせるのは状況の把握が難しい。そのため、本教材は授業の問題づくりとして生かし、考えさせたい道徳的問題を児童が理解しやすいように、場面（内容）を置き換えて提示することを考えてみた。

本教材の道徳的問題は「自分で勝手にルールを変えたが、結果がよければそれでよいのか」ということではないかと考えた。そこで、「野球の帰り道、赤信号でしたが、車は通っていません。おばあちゃんの家に行くのに急いでいた星野君は、赤のまま渡りました。早く着いたためにおばあちゃんは喜び、お菓子をもらうことができました。でも家に帰った後に、道路を渡るところを見ていたお母さんに怒られてしまいました」という話題をつなげ、「結果がよければよいのではなく、決められたルールを守ることが大切」ということについて考えさせる。

4　本授業の展開

学習活動と主な発問等	● 指導の手立て　◆ 板書の工夫
1 教材「星野君の二るい打」について教科書の絵を基に話を聞き、問題をもつ。	● 児童に分かりやすいように簡略化する。学級の実態により困難な場合は、雰囲気づくりにとどめるか省略する。
2 教材「星野君の二るい打」につなげた話を聞き、皆で考える。	● 星野君の帰り道の設定（上段を参照）を語り聞かせる。
結果がよければいいのかな。	
Q1 星野君は、おばあちゃんの家でお菓子を食べながら、どんなことを考えたでしょう。 ◀ **2-1**	● 結果がよかったときには、いい気分であることを自分たちの経験と重ねて考えさせる。
Q2 お母さんはどうして怒ったのでしょう。 ◀ **2-2**	● おばあちゃんに喜ばれたのに、お母さんはどうして怒っているのだろう、と対比して考えさせる。
Q3 結果がよければ気持ちがいいけれど、本当にそれだけでいいのでしょうか。 ◀ **2-3**	◆ 笑顔と怒り顔の両方があることを意識させ、どうするとよいのかを考えさせる。
3 きまりを守って過ごすことのできた例を教師から聞く。	● 児童の理解の状況によっては、「星野君の二るい打」の内容に立ち戻って内容を広げることも考えられる。

おばあちゃんの笑顔と
お母さんの怒り顔を添える

2-3　**2-2**　**2-1**

よい結果

結果がよければいいのかな

・思いきり打てた
・チームが勝った
・がんばってやった

⬇

いい気持ち

2-2
・事故にあうといけない
・赤信号で渡った
・きまりをやぶっている

2-1
・早く来てよかた
・おばあちゃんが喜んでくれ
てよかった

お母さん
・いいことでもきまり
をやぶったらダメ

おばあちゃん

2-2 怒られた　　結果よし！ **2-1**

3

Q3 では、おばあちゃんの
笑顔とお母さんの怒った顔
を並べて、「結果がよけれ
ば（おばあちゃんに喜んで
もらって、自分もいい気持
ちならば）いいのかな？」
と全体を見て考えさせる。

2

Q2 では、お母さんの怒っ
た顔を貼り、その理由を考
えさせた後で、「怒られた」
と板書し、**Q1** の「結果よ
し！」との対比をしやすく
する。

1

Q1 では、おばあちゃんが
喜んだ様子を想像させ、導
入で想起した自分たちの経
験と合わせて、結果がよ
かったことをしっかりと考
えさせる。

準備するもの・作り方

○ イラスト４点
　💿 T–03–1〜5

板書を生かした理解のための支援

○ 自分たちの経験と星野君の「いい気持ち」
　を板書上で十分共感させた後、お母さんの
　怒り顔とその理由を考え、ある意味両極の
　両者を対比させて、「結果がよければいい」
　ではないこともあることに気付かせたい。

評価のポイント

○ 星野君がおばあちゃんに喜ばれ、いい気持
　ちになっていることを自分の成功体験と重
　ねて考えているか。
○ 相手に喜ばれること、きまりは守らなけれ
　ばいけないこと、それぞれが大切なことで
　あることを考えているか。
○ 自分事として捉えて星野君の気持ちやお母
　さんに怒られた理由を考えているか、ま
　た、一つの事象を異なった面（「喜ばれるこ
　と」と「きまりは守らなければいけない」）
　から見ることができたかについて見取る。

特支 教材名 ひさの星

出典：東書（5年）

D3 感動、畏敬の念　主題名　心の美しさ

1 ねらい

ひさが「星になった」と言われた理由や「きれいなもの」について考えることを通して、美しい心に感動する心情を育てる。

2 教材の概要

※本書 P. 094 の「教材の概要」参照。

3 特別支援教育の観点

本教材は、特別支援学級の児童にとっても内容は比較的つかみやすいが、主題である「心の美しさ」を実感としてつかむことは難しいことも予想される。そこで、児童には「目に見えな

い心にも美しさがある」ということを学んでほしいと考えた。そのため、ひさのことを「星になった」と村人が言い合ったことに焦点を当てた展開をしていきたい。そして、教材のキーワードとなっている「星」と、「美しい（気高い）心」を結び付ける展開を考えた。

授業の導入部で「星」についての話題から入り、「きれいなものについて考えよう」という学習課題を提示する。そのきれいな「星（＝目に見える）」と「星になったひさ（＝目に見えない美しい心）」を同一的に捉えられるような展開をすることによって、目に見えない「美しい心」のよさ、気高さを考えられるようにしていきたい。

4 本授業の展開

学習活動と主な発問等	●指導の手立て　◆板書の工夫
1 学習課題と教材への関心をもつ。 **Q1** 星はどうしてきれいなのでしょう。**1**	●星のイメージ（きれい、遠い、光るなど）を問い、学習課題につなげる。 ◆星形を貼り、児童の「星がきれいだ」と考える理由を板書し、その後学習課題を提示する。
きれいなものについて考えよう。	
2 教材「ひさの星」を読んで話し合う。 **Q2** 村の人たちはどうして「ひさの星」とずっと言ったのでしょう。**2-1** **Q3** みなさんがはじめに考えた「きれいなもの」と違うきれいなものは見つかりましたか。**2-2**	●「死んでしまったから」という反応が予想されるが、そういった場合は「ひさは自分の命がいらなかったのかな？」などと問い返し、「生命を大切にしたかったからこそ」という視点をもつことができるようにする。 ●「きれいなもの」と「ひさの星」の両方を考えたことを振り返らせながら発問する。
3 教師の願いの込められた話を聞く。	●物質的に美しいものだけでなく、自然や人の心の美しさにたくさん出会ってほしいことを分かりやすく話す。

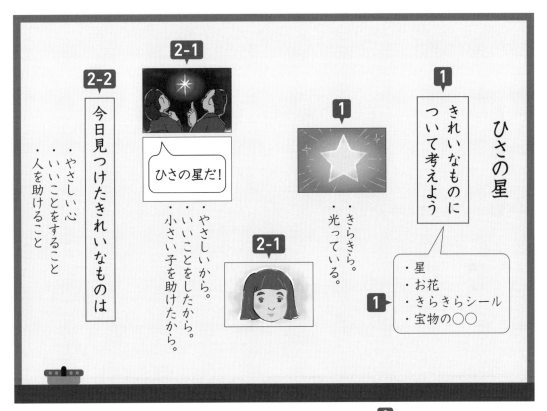

3

Q3 では、Q1、Q2 での板書を振り返らせ、「きれいなもの」「星」「ひさ（の心や行動）」が関連していることを児童なりにつかめるようにする。

2

Q2 では、村人の顔を貼り、「ひさの星だ！」と書き加える。その下に児童の考えを書き、ひさの顔の絵を添える。「死んでしまったから」は、発言があったとしても板書しないようにする。

1

Q1 では、はじめに星形を貼り、星がきれいと思う児童の発言を書き加える。その後、授業のテーマを書き、学習開始時の児童の「きれいなもの」の捉えについても書いておく。

準備するもの・作り方

○ イラスト3点

💿 T-04-1〜3

○ 「ひさの星だ！」の吹き出し

💿 T-04-4

板書を生かした理解のための支援

○ 板書上で、星の美しさ（Q1 で問う）とひさの心の美しさ（Q2 で問う）が並ぶように配置することで、対比させて考えさせたい。そのために、ひさの顔と星形の大きさは同じぐらいがよく、ひさの顔と星の美しさが視覚的にも並ぶように工夫したい。

評価のポイント

○ 自分が思っている「美しいもの」の美しさと「目に見えない美しいもの」の美しさを関連付けて考えることができたか。

○ 目に見えたり手に取れたりするもの以外にも「美しいもの」があることを考えることができたか。

○ 発言や板書を見ながら考える様子から、「目に見えなくても美しいものがある」ことを考えているか、また、星の美しさを心の美しさと関連付けて考えることができたかを見取る。

編著者・執筆者紹介

[編集代表]

永田　繁雄（ながた　しげお）　　　　東京学芸大学教授

[編著者]

和井内　良樹（わいない　よしき）　　　宇都宮大学准教授

[執筆者] ＊執筆順。所属は令和2年1月現在

		[執筆箇所]
永田　繁雄	（前出）	まえがき、第1章
和井内　良樹	（前出）	第2章
福留　忠洋	鹿児島県屋久島町教育委員会学校教育係長兼指導主事	5年　うばわれた自由／見えた答案／のりづけされた詩
山口　愛	埼玉県さいたま市立辻小学校教諭	5年　流行おくれ／日本の「まんがの神さま」／感動したこと、それがぼくの作品―パブロ・ピカソ―
岡村　美香	埼玉県越谷市立大沢小学校教諭	5年　イチロー選手のグローブ／ペルーは泣いている／6年　エルトゥールル号
小森　千奈美	埼玉県越谷市立大沢小学校教諭	5年　ヘレンとともに―アニー・サリバン―／ブータンに日本の農業を／6年　白旗の少女
関口　健一	宇都宮大学教育学部附属小学校教諭	5年　帰ってきた、はやぶさ／6年　日本植物分類学の父―牧野富太郎―／五十五年目の恩返し
八木橋　朋子	千葉大学教育学部附属小学校教諭	5年　くずれ落ちただんボール箱／バスと赤ちゃん／悲願の金メダル―上野由岐子―
庄子　寛之	東京都調布市立多摩川小学校指導教諭	5年　心をつなぐあいさつ／友のしょう像画／友の命
庭野　優子	新しい道徳教育を考える会幹事	5年　すれちがい／名医、順庵／6年　ロレンゾの友達
川波　一喜	東京都練馬区立田柄第二小学校主任教諭	5年　お客様／ぼくは伴走者／6年　星野君の二るい打
山本　孝之	東京都文京区立明化小学校主任教諭	5年　マリアン・アンダーソン／転校生がやってきた／6年　六千人の命を救った決断―杉原千畝―
小杉　純平	東京都日野市立南平小学校主任教諭	5年　明日へ向かって／お父さんは救急救命士／わたしにできることを
田村　敏郎	鹿児島県薩摩川内市立水引小学校教諭	5年　森の絵／6年　はじめてのアンカー
遠藤　信幸	東京都渋谷区立広尾小学校主幹教諭	5年　志高く、今を熱く生きる／世界の文化遺産／6年　天下の名城をよみがえらせる―姫路城―
杉本　遼	東京学芸大学附属大泉小学校教諭	5年　電池が切れるまで／自分の番　いのちのバトン／一ふみ十年
小森　喜代美	栃木県宇都宮市立昭和小学校教諭	5年　ひさの星／そういうものにわたしはなりたい―宮沢賢治―／6年　義足の聖火ランナー―クリス・ムーン―

古味　進洋	東京都中野区立南台小学校教諭	5年　マララ・ユスフザイ─一人の少女が世界を変える─／6年　その思いを受けついで／命の旅
五十嵐　明子	東京都練馬区立光が丘春の風小学校主幹教諭	6年　修学旅行の夜／食べ残されたえびになみだ／作業服のノーベル賞
藤澤　美智子	埼玉県さいたま市教育委員会学校教育部参事	6年　手品師／ブランコ乗りとピエロ／銀のしょく台
田畑　諒平	東京都目黒区立油面小学校教諭	6年　未来を変える挑戦─スティーブ・ジョブズ─／iPS細胞の向こうに／天から送られた手紙
佐藤　淳一	東京都日野市立日野第七小学校教諭	6年　最後のおくり物／父の言葉／マザー・テレサ
田中　清彦	愛知県名古屋市立西築地小学校教諭	6年　人間をつくる道─剣道─／言葉のおくりもの
大森　真弓	栃木県日光市立轟小学校教頭	6年　田中正造／世界がおどろく七分間清掃／桜守の話
貝瀬　梨香子	新潟県南魚沼市立上関小学校教諭	6年　小さな連絡船「ひまわり」／応えん団の旗／米百俵
古見　豪基	埼玉県和光市立第五小学校教諭	6年　チョモランマ清掃登山隊／タマゾン川／青の洞門
加藤　英樹	愛知県名古屋市立西築地小学校教頭	特支　手品師／くずれ落ちただんボール箱／星野君の二るい打／ひさの星

『板書で見る全時間の授業のすべて　特別の教科 道徳　小学校高学年』付録 DVD について

- ・各フォルダーには、以下のファイルが収録されています。
  ① 板書の書き方の基礎が分かる動画（出演：成家雅史先生）
  ② 授業で使える短冊類（PDF ファイル）
  ③ 学習指導案のフォーマット（Word ファイル）
  ④ 児童用のワークシート（Word ファイル、PDF ファイル）
  ⑤ 黒板掲示用の資料、写真、イラスト等
- ・DVD に収録されているファイルは、本文中では DVD のアイコンで示しています。
- ・これらのファイルは、必ず授業で使わなければならないものではありません。あくまで見本として、授業づくりの一助としてご使用ください。

【使用上の注意点】
- ・この DVD はパソコン専用です。破損のおそれがあるため、DVD プレイヤーでは使用しないでください。
- ・ディスクを持つときは、再生盤面に触れないようにし、傷や汚れ等を付けないようにしてください。
- ・使用後は、直射日光が当たる場所等、高温・多湿になる場所を避けて保管してください。
- ・PDF ファイルを開くためには、Adobe Acrobat もしくは Adobe Reader がパソコンにインストールされている必要があります。
- ・PDF ファイルを拡大して使用すると、文字やイラスト等が不鮮明になったり、線にゆがみやギザギザが出たりする場合があります。あらかじめご了承ください。

【動作環境　Windows】
- ・〔CPU〕Intel® Celeron® プロセッサ360J1. 40GHz 以上推奨
- ・〔空メモリ〕256MB 以上（512MB 以上推奨）
- ・〔ディスプレイ〕解像度640×480、256色以上の表示が可能なこと
- ・〔OS〕Microsoft Windows10以降
- ・〔ドライブ〕DVD ドライブ

【動作環境　Macintosh】
- ・〔CPU〕Power PC G4 1.33GHz 以上推奨
- ・〔空メモリ〕256MB 以上（512MB 以上推奨）
- ・〔ディスプレイ〕解像度640×480、256色以上の表示が可能なこと
- ・〔OS〕Mac OS 10.12（Sierra）以降
- ・〔ドライブ〕DVD コンボ

【著作権について】
- ・DVD に収録されているファイルは、著作権法によって守られています。
- ・著作権法での例外規定を除き、無断で複製することは法律で禁じられています。
- ・DVD に収録されているファイルは、営利目的であるか否かにかかわらず、第三者への譲渡、貸与、販売、頒布、インターネット上での公開等を禁じます。
- ・ただし、購入者が学校での授業において、必要枚数を児童に配付する場合は、この限りではありません。ご使用の際、クレジットの表示や個別の使用許諾申請、使用料のお支払い等の必要はありません。

【免責事項】
- ・この DVD の使用によって生じた損害、障害、被害、その他いかなる事態についても弊社は一切の責任を負いかねます。

【お問い合わせについて】
- ・この DVD に関するお問い合わせは、次のメールアドレスでのみ受け付けます。　tyk@toyokan.co.jp
- ・この DVD の破損や紛失に関わるサポートは行っておりません。
- ・パソコンやアプリケーションソフトの操作方法については、各製造元にお問い合わせください。

板書で見る全時間の授業のすべて
特別の教科 道徳 小学校高学年
～令和 2 年度全面実施学習指導要領対応～

2020（令和 2）年 3 月22日　初版第 1 刷発行
2021（令和 3）年10月22日　初版第 3 刷発行

編集代表：永田　　繁雄
編 著 者：和井内　良樹
発 行 者：錦織　　圭之介
発 行 所：株式会社東洋館出版社
　　　　　〒113-0021　東京都文京区本駒込 5 丁目16番 7 号
　　　　　営 業 部　電話 03-3823-9206　FAX 03-3823-9208
　　　　　編 集 部　電話 03-3823-9207　FAX 03-3823-9209
　　　　　振　　替　00180-7-96823
　　　　　Ｕ　Ｒ　Ｌ　http://www.toyokan.co.jp

印刷・製本：藤原印刷株式会社
編集協力：株式会社オセロ、株式会社森友社

装丁デザイン：小口翔平＋岩永香穂（tobufune）
本文デザイン：藤原印刷株式会社
イラスト：いまい　かよ（株式会社オセロ）

ISBN978-4-491-04011-0　　　　　　　　　Printed in Japan
※本書に付属の DVD は、図書館及びそれに準ずる施設において館
　外に貸出することはできません。